拜德雅
Paideia

被毁灭的人
重建人文精神

［法］让－弗朗索瓦·马太伊（Jean-François Mattéi） 著

康家越 译

长江出版传媒 | 长江文艺出版社

就让人性尽快消失吧。

大卫·赫伯特·劳伦斯，《恋爱中的女人》

因此，末人比上帝之死更古老又更年轻；由于是他杀死了上帝，他必须为自己的有限负责；但由于他是在上帝之死中说话、思考和存在，他对自己的谋杀注定也要消亡；新的神们，同样的那些，已经充满了未来的大洋；人将要消失。

米歇尔·福柯，《词与物》

目 录

犹太大屠杀揭示了现代性使人沦落为产品, 以供社会利用与管理。人, 已经降格成一片含糊不清的形象拼凑, 他们无力创作, 不理解世界, 目光贫瘠, 理想枯竭。在解构主义的时代, "人性"似乎已无人问津, 人文主义的光亮会就此暗淡、消逝吗?

早在人文主义出现以前, 古代哲学、基督教教义、中世纪和文艺复兴思想就已经发展出了人性的理念。这种人类灵魂的文化, 在西方作品中无所不在, 无论是绘画、音乐、哲学, 还是建筑, 教导我们追寻真、义、善的光芒。

5

肉体的枯竭　/171

　　人的终极解构是对肉体性的拒绝。在绘画和雕塑中抹去了人脸，在诗歌中摒弃了词汇，在小说和电影中取消了情节之后，解构主义迫使人在容纳其存在的身体中缺席。未来将成为虚拟的未来，而人，将成为改造人、后人、机械人、神经元人……

结　论

最初之人：编织人性的纽带　/209

　　解构主义让人与其自我认同的一切告别：灵魂、身体、主体、作品、世界、意义、上帝……解构主义只知道终结的能力，但人之所以为人，是因为其不断寻找新的开端。人之间的链接形成了人性的纽带，让每个人都能开始一条新的链接，也正是这些链接的总和，那长存的人性罗线，编织了人类的文化。

参考文献　/217

一位高端思想家

> 真正的沉着在于能够驳斥现时的成见，首先是那个
> 最深痼和最可怜的成见——认为摆脱了过度之人必将沦
> 于一种贫寒的明智。
>
> 阿尔贝·加缪

生活如其所是，加缪会这样说——也就是说，没什么大
不了的。

但是，就如隐藏着一座宫殿的小屋之门，一位并不比别
人更标新立异的哲学家（即便不是艺术家）的生活，在其天
才还未耗尽之时，往往会让他在死亡之际也不至于完全熄灭
其生命之火。

柏拉图使灵魂那不可分割的洁白成为他不朽的保障。但
这只是一个隐喻。灵魂并不能在身体消失后继续存在，仿佛

被食之物中的某种神秘物质那样；灵魂是以思想的方式超越使其出现的条件，把众多无法解决的问题和丰硕的分歧意见遗赠给它的后续者。这是煤中的钻石，是镶嵌在有限性之中的无限智慧，是盛放于肉体画框中的理念之花。这就是我们对死亡的准备吗？这就是那个论题要给予的意义吗——通过思想的训练，在被迫与肉体分离之前，让灵魂先学会与其分离？让-弗朗索瓦·马太伊会回答说"也许……"，或"为什么不呢"，他微笑着，那慈祥并不掩藏强烈的反讽。

我对马太伊文字的持久性有一种直觉，可这种直觉要归功于马太伊的文字本身，还是因为直发我心呢？哲学家们——就像此时的马太伊和他之前的加缪——在他们最后一部作品出版之前，就染上了死亡的病味，使朋友们不得不在对其智慧的景仰中，加进一份仍然鲜活的记忆，关于他们的目光、风度和身影。出于校对文本的需要，再一次阅读《被毁灭的人》时，我无意中仍然听到一个熟悉的嗓音在轻轻颤抖。怎么能不把这最后的书稿看作一份遗言呢？当话语一下子又以作者的嗓音响起时，我该如何是好？在这不断漫溢的苦涩之中，从回忆里泛起的伤情之中，又是什么如此地安慰人心？总之，这声音，这个回音，在说什么？

一位故去的哲学家就如一颗开始放光的星星。决定其读者数量的，是他与土地的接近程度。而决定其读者质量的，则是他闪烁的亮度。

一个哲学家的死，并不会打断灵魂与自己的对话——关于他学术的训练，柏拉图如是说。

人每天都会失去朋友，思想却因此获得了一个存在的理由。

让精灵们——他的读者——在他亡故之后，来关心他理念的摇篮、评估它们的生命力吧。

因为这是他的回声——书也是如此，是对话最好的延续，那些对话的记忆是远行前的第一次呼吸，等候着这部从此成为孤儿的作品。

"我们已离开了大地，我们已上了船！"尼采在《快乐的科学》中写道，就在马太伊喜欢引用的"疯子"一节之前，"我们切断了桥梁——更重要的是，我们已经和大地绝裂了！从此以后，小船，保重吧！你的四周就是海洋：毫无疑问，它并不总在咆哮，有时它平静如丝绸和金子，如一种仁慈的沉思。但是，总有一天你会意识到它没有边界，再没有什么比无限更令人恐惧了。噢，可怜虫，你以为自己是自由的，从今往后，你就将被这笼子的栅栏撞来撞去！若是乡愁抓住了你的心，仿佛那里有更多的自由，那你就惨了——连大地都没有了呢。"[1] 马太伊的思想刚刚起航，船员是最美丽的，

1　尼采(Nietzsche)，《快乐的科学》(*Le Gai Savoir*)，§ 125 (Klossowski 译)。

一艘创新之船，船身和底舱是黑格尔，船尾的涡流是柏拉图，罗盘、浪花和风向则是加缪。一路顺风……

"如果我再试着工作，经常性地，每天，那不是为了钱，也不是为了名，而是为了留下一些东西，一本小书，一张纸，一些句子……因为我心里不安……"朱尔·勒纳尔（Jules Renard）在日记里造作地抱怨道。我们打个赌，让－弗朗索瓦·马太伊——虽然他真的很谦逊（就是说，没有任何骄傲的意思）——在去世前会同意说，他没有"什么都不为了地"生活或工作过。

他的作品，其文字不朽，是一座谨慎却又热情的建筑，比人们想象的更大、更好客，其严肃性既没有减弱其宽厚的品质，也不影响时时出场的幽默。

博学的读者会喜欢马太伊关于海德格尔（"在一片侵入林中空地的光芒中看世界的人……"）和柏拉图（"在呼唤天空将光芒投向自身的林中空地上打开世界的人……"[1]）之间差异的优美文字。"义愤者们"（在承认他们政治无能的情况下，可能会有好奇心去反思自己）会在《义愤者》（L'Homme indigné）中发现，不快乐的意识并不总是美德的

---

1 J.-F. 马太伊（J.-F. Mattéi），《黑格尔与荷尔德林》（*Heidegger et Hölderlin*），Le Quadri-parti, Paris, PUF, coll. « Épiméthée », 2001, chap. « La clef de l'énigme », p. 267。

保证，并且必须"提防那些在所有情况下都激动万分的美丽灵魂"，因为"义愤最有力的呼声却是最安静的"。[1] 电影爱好者会对马太伊关于《黑客帝国》和《电子世界争霸战》那不合时宜的评论感到满意。附庸风雅者在阅读马太伊尽心写作的文集时，将不得不承认，尽管他风格简朴、提问清晰，但阿尔贝·加缪也是"一位高端思想家"。行话爱好者会对马太伊对德里达混合语进行破坏/解构（dé[cons]truit）[2] 的那些决定性段落破口大骂。游戏玩家将会了解到《我的世界》和《第二人生》不仅是游戏，还是一项真正的形而上之举，它们"对拟像的模本误导"在为焦尔达诺·布鲁诺（Giordano Bruno）和德·丰特内勒（de Fontenelle）关于多元世界的大胆假设正名……

马太伊虽然忠于柏拉图在《巴门尼德篇》（*Parménide*）[3] 中的教诲，但他的想法是对投合日常生活新花样的"流行哲学"中民粹主义的补救，他认为没有哪个思想对象比其他的

1　J.-F. 马太伊，《义愤的人》（*L'Homme indigné*），Paris, Cerf, 2012。

2　détruit 意为破坏，déconstrui 意为解构，dé(cons)truit 一词将两者拼接在一起。——译注

3　巴门尼德在以其名字为标题的对话中问当时尚年幼的苏格拉底，他是否认为"毛发、烂泥或污垢"这种不值一提的东西也同样有心智，苏格拉底回答说把这些无聊的东西提升到物质的崇高性上来思考"实在太古怪"了。"这是因为你还年轻，苏格拉底，主人说道，我认为，哲学还没有对你产生作用——当你不再小瞧这些事物时，它才会对你造成影响。"

思想对象更有价值，而在哲学和生活中，概念的纯粹主义以及对纯粹的追求犹如儿戏。

因此，虽然听上去自相矛盾，而且他们彼此之间也谈不上喜欢，却仍有必要在阅读让 – 弗朗索瓦·马太伊（这个荒诞的同音异义名字，与一位在游泳池边哀叹三伏天之苦的前卫生部部长相同）的同时，读一读吉尔·德勒兹（Gilles Deleuze），也就是说，要在不同思想的专著和评论中追寻一个原创哲学的脉落——其严密有加，从不挂心于取悦读者，以至于责怪自己只为了做到最好而孑然独伫——却是颠簸不破。

在普罗旺斯地区艾克斯，2013 年 5 月 30 日 23 点左右。丽莎·林肯（Lissa Lincoln）和我在一个吵得像自习室一样的阶梯教室的主席台上，回答成百上千个关于加缪的问题。突然间，这个我已被问过多次的问题又出现了："您为加缪辩护并称赞他的道德要求，那您怎么解释加缪说在正义和他母亲之间，他更偏爱他的母亲？"是因为时间已晚，还是因为缺乏尼古丁？我惭愧万分——我的回答太无力度。我很清楚，因为已经答过千次；加缪的话并非如此，是一位去了斯德哥尔摩的《世界报》记者故意夸张讽刺了这位哲学家在诺贝尔奖颁发两天后于学生会发表的言论；我最终知道，在《地狱中的普罗米修斯》一文中，加缪自己把这句话加在了那位被谴责的泰坦身上："哦，正义，哦，我的母亲，你看到我所受的苦了吗……"可是，在疲劳的作用下，母亲、正义、海洋、沉默、喧嚣和反抗聚成了一片淹没口才的泥沼。所以，我结结巴巴，我离题太远，我讲得太快，我开始——超出了我的能力——从他母亲的沉默中重建加缪的道德观，并且，在看到自己正在失去观众之时，我加快了语速，以至于听上去没完没了还难以理解。就在这危难之际，从房间的另一端，出乎意料地出现了一个身着深蓝色西装、身材高大的短发男子，踏着胜利者的步伐走了过来——刚刚在艾克斯扶轮社（Rotary d'Aix）讲了两个小时的人——然后，在讲台上，他先是说出了加缪确切的原话（"此刻，有人把炸弹扔进了阿尔及尔的电车中。我的母亲可能就在其中某一辆电车中。如果这就是正义，那我还是更爱我的母亲。"），然后，他解释：没有什么正义是抽象的，抵抗分子和恐怖分子之间的区别在于：虽然前者心中也有恨，但仍能对自己有所限制。十分简单。

"我们为什么要把剧本、史诗和小说写成上下两部？"爱默生在日记中自问道。"我们为什么不能像穿衣服、想事情一样，也写出多种多样的东西呢？会议是一种新的表面文章，它撇开了所有的传统、时代、地点、环境，将集会仅仅视为人，而不是其他任何东西。这样做从来都不对。这是一个具有超凡能力的工具，一架能奏出所有音符的百音琴。但是，在震撼到自己并学会像其他观众那样聆听之前，演讲者不会成功。"让 – 弗朗索瓦·马太伊教会了我许多东西，但那一天，他只给我上了这一堂课。

自由的正统观念并不比其他观念少一些极权。而且，我们不可能与时代的正统观念作对而不受惩罚，特别是当他们无意中与你的看法相同时。

斯宾诺莎受过教训，懂得这一点，他看着那些"笛卡尔主义的傻子"与教士们缔结约定，阻碍人们阅读。

加缪在扮演蛮勇狱卒的萨特集团那里，有过完全相同的经验。

因为阿尔贝·加缪从未为了绝对正义的抽象概念而牺牲任何人，也不会屈服于爱对暴力施加的限制，换句话说，因为他有勇气在想要彻底解放的欲望中识别出自愿的奴役，并且——与那些"只是把自己的安乐椅放在历史发展方向中"的审察官相反——喜爱那揭穿自我安慰之幻觉的真相，所以他无法忍受那些靠着颠覆过上好日子的人及其奴颜婢膝的渴求者。

加缪的思想，其根本的（并非系统刻板的）严密性在推理之前便会使人产生共鸣。他的思想发现，无论肤色、政治观点如何，每个人心中都有一个选定的朗读者。决定自己与《局外人》作者之距离的，不是自己意见的内容，而是自身敞开的程度。简言之，每个人都有他自己的加缪。而马太伊正是因为加缪而保持住了在人类高度上思考的艺术，永不止息地观看着世界之如其所是（即"冷漠而非人性的"[1]）。因此，《第一个人》中的加缪形象（一个年轻人的儿子，在比自己年轻的父亲墓前，同时继承了死亡和未来）为尼采在《查拉图斯特拉如是说》一开始描述的"最后之人"（即末人，用眨眼来排解无聊的幸福发明家）提供了一个对位主题。幸福不如创造重要，创造不排斥任何东西。在节制和美之中，最初之人对历史混乱的抗拒和敌意，被其对自然的赞同所替代了，他接受了悲剧，并为自己设定了任务——若非改变世界，至少要改变生活。

现代神殿的守护者们是如何在没有反驳的情况下开始诋毁一种话语的？难道这话语的清醒性扰乱了他们的习惯，清晰度模糊了他们的宗法？通过冒充高雅（这个连教师资格都没有的阿尔及利亚人是谁，竟敢给巴黎高等师范学校的毕业生讲课？），这在小人身上，往往是一种恐惧的表现。让教皇的爪牙们去放逐一个巨人？这会惹人窃笑，若是批评家们——他们可不会把机会留给怀疑和真相——无力把哲学家

1　尼采，《快乐的科学》，§ 346。

的头衔从通俗而不晦涩，因而不可原谅之人的头上拿掉。加缪在思想史上只居二流地位，并一直被大多数思想专业人士隐晦地鄙视，这并不是因为他的作品（重要），而是由于自由主义学界名流的操纵。"那些晦涩难懂的人非常幸运"，他说，"他们会有人去评论。其他人则只有读者，而读者似乎是无足轻重的。"[1]但是，当看到一位大师被视作业余爱好者时，伟大的教授、法兰西学院院士让-弗朗索瓦·马太伊——因为充满了勇气，更因为谦虚，博学却不说行话的权威——长期以来挽回了法国学界的荣誉："人们讥讽他美丽的灵魂"，他在评论加缪时写道，"然而这是个被扯碎的灵魂。人们透过荒谬的棱镜来阅读他的作品，然而那作品是献给爱的。人们把他当作存在主义者，然而他是萨特的对立面。人们将他看作二流哲学家，然而他是一位高端思想家。人们谴责他在正义和母亲之间选择了后者，然而他维护了一种更高贵的正义。人们不喜欢他是阿尔及利亚人，然而他在试着做一个法国人。人们对他获得诺贝尔奖挖苦讥笑，然而他将那看作他失败的标志……"[2]说得好得不能再好了。

1　阿尔贝·加缪（A. Camus），《札记》（Carnets），Cahier VI, in *Carnets* (1949-1959), *Œuvres complètes*, t. IV, Paris, Gallimard, coll. « Bibliothèque de la Pléiade », 2008, p. 1087。

2　J.-F. 马太伊，《阿尔贝·加缪：从拒绝到同意》前言（*Albert Camus. Du refus au consentement*, avant-propos），Paris, PUF, coll. « Débats philosophiques »。

思想史的线性只是在表面上的，只是在时代的尺度上，在相连的民俗学和数量的尺度上。

但是，一旦我们将手放于其上，一旦我们将概念运用于其上，注意到它们是忠实但并非同一的，那些起初相似的便不再能物以类聚了；恰恰相反，连续性将会消失，会显现出思想谱系之间看似对立的秘密亲缘关系，一种永久的呈现，其回音使超越时代的旋律永远奏响，一次同一的呼吸，足以吹起纷繁的尘埃。"哲学家可以早来好几个世纪"，伯格森（Bergson）在《哲学直觉》（*L' Intuition philosophique*）中写道，"他可以处理另一种哲学和另一种科学；他会面对其他的问题；他会用其他方式表达自己；也许，他的书中没有一个章节会像他现在写的这样；然而，他所说的都将会是一回事。"

就是这样，对于加缪和柏拉图，马太伊调和了两次。

首先，关于节制，两者都制定了一种精神指导的规则，并超越了来自绝对自由主义唯物论者和喜爱等级制度的形而上学家的粗野敌意，这使加缪成了柏拉图的继承者——并且，反之亦然。

然而，关于柏拉图在《第七封信》（"La lettre VII"）中作为思想的生命源泉和卓越道德原则而提出的义愤，加缪将其看作"面对非正义时所感到的痛苦震惊"，一切可靠的思想都必须以此为出发点。换一种方式表达，用马太伊的话来说，这个对苏格拉底的处决愤慨有加的雅典青年，和 2400 年后对卡比利惨案义愤填膺的阿尔及利亚青年，分享着"对存有既存的震惊和善之不存的义愤"，这才是关键。它们的混合表明，与世界同样古老的义愤，比广而告之和义愤者们自甘堕落的"对现实的怨恨叫喊"更有价值。"如果义愤"，马太伊写道，"不是'被丑闻所激怒的、一种良知的自发呐喊'（贝纳诺斯［Bernanos］），那它就是虚伪道德心的伪装，在他人的痛苦中，只看到自己的辩解理由"。在公开和分享之前，义愤必须是道德的、个人的，否则那就只是一个面具而已。然而，把个人事例当作普遍情况、把个人义愤当作真相是如此诱人，加缪遗憾地说，以至于"义愤衰退了。更糟糕的是，这是有组织的，它被运用于固定的时刻和单一的方向之中。我们的抗议者已变得半身不遂。他们在受害者中做着选择，宣称其中一些人是值得怜悯的，而其他人则是下流的"。[1]

并不是一切都完了。一个人可以愤慨有加却并非傻子。但世事艰难。

阅读马太伊，和将加缪从萨特之中，将柏拉图从阿兰·巴迪欧（Alain Badiou）之中解救出来，是同一回事，是一件好事。

---

1 阿尔贝·加缪，《自由党》（"Le parti de la liberté"），avril-mai 1957。

　　马太伊和巴迪欧之间有一道大鸿沟，将柏拉图谦逊（却大胆）的评论从他单纯而简单的归并中区分开来。马太伊毫不犹豫地援引柏拉图，将当前一切事物之虚拟化作偶像崇拜来理解和揭露。在他看来，现代性圆满完成了"柏拉图学派不断接近真实的野心，同时又将虚拟宇宙用于损害生活现实的直接冒充"，简而言之，正如记者们所说的那样，马太伊擅长给人一种感觉，即柏拉图仍"有很多东西要告诉我们"。但是，虽然出现过将年代错误当作现代性标志的情况，他的方法却与巴迪欧截然对立。巴迪欧对于绝对的喜好并不使他鄙视结算账目，他翻译的《理想国》[1] 虽然没有因时间紧迫而拖延，其文本却因被用于阶级斗争、无产阶级专政和（因为这好处不小）开除不忠实信徒等目的而变了味。

　　巴迪欧背叛了柏拉图，在他笔下，"唯一逃走之人"（柏拉图阐述为意见［opinion］的解毒药）的天命人物，成了"活动积极分子的思考劳动、哲学家对这种劳动的忠实、某些无法预料的、暂时削弱国家宣传和镇压机构的震荡的结合……"

　　巴迪欧背叛了柏拉图，当他用一种工厂知识分子味道十足的缝合手术，将雅典崇高的"自然哲学家"降格成"专家级活动积极分子"之时。

1　阿兰·巴迪欧（A. Badiou），《柏拉图的理想国》（*La République de Platon*），Paris，Fayard，2012。

巴迪欧背叛了柏拉图，当他把"理想城邦"（cité idéale）翻译成"共产主义"，当他在文本中塞满了不恰当的等式，只为赋予他的专制主义一个数学上的价值，当他在苏格拉底对行使政治职责的拒绝中认出了"毛主义"，当他把诡辩家色拉叙马霍斯（Thrasymaque）描绘成"议会资本家"的苦难形象，当他不知廉耻地、异想天开地让苏格拉底说"我们已经以共产主义的观念修正了我们的分析"……

巴迪欧背叛了柏拉图，当他把"面对群星目瞪口呆者，虚妄的高谈阔谈者，一无是处"——即柏拉图所说的：傻子们眼中的哲学家（或叛乱者眼中的军舰舰长）——翻译成"云里雾里的高知，三脚猫的唯心论者和老掉牙的空想家"，请注意，阿兰·巴迪欧自己就是这样被巴黎小宇宙中的对手们羞辱的。

巴迪欧背叛了柏拉图，当他把翻译和评注活动混为一谈之时，当他把对《理想国》的自由解读当成字面意义上的忠实之时。他劫持了文本，他看似在翻译别人，实则只是在抄写他自己的灵魂。他背对苏格拉底的教诲，折中于虚假和真实之间，游荡在自己意见的灰色地带，而且，因为他将真理和绝对价值神圣化，他把自己当成了绝对真理。

所有这些（无论是柏拉图的征募或对他思想的讽刺），

在马太伊的作品中都找不到。[1] 在谈到政治[2]时，马太伊（正确地）把柏拉图当作了"欧洲思想"的核心："欧洲思想"即一种文化，其出生证明书，按他的观点看，就是对他人敞开的宣言。当他遇到"洞穴说"、京特·安德斯（Günther Anders）的"鬼魂"、《蒂迈欧篇》[3]中的传说和斯坦利·卡维尔（Stanley Cavell）的分析时，马太伊用对《黑客帝国》《电子世界争霸战》《卡萨布兰卡》和《玩具总动员》[4]的阐释，找到了不对时代绝望的些许理由，并且沿着柏拉图的足迹，证明了自己的论点，"虽然雪崩般的影像将我们覆盖，但我们尚未被关进靠不住的影子洞中。"通过马太伊来阅读柏拉图，是在揭示让我们这个时代臣服的拟像，同时也是在确认智慧理念的多产性——在我们的假设中，智慧理念的存在就是为了给天上地下万事万物提供解释。即使在洞穴的深处，"哲学家所谴责的变化无常的拟像是因其形式的持久而产生的幻觉，而理性可以回溯这些形式。"柏拉图？他更关心表象而非灵魂的救赎思想。

---

1 他欣然重申了怀特黑德（Whitehead）的观点，即思想史只是"柏拉图文本的一系列脚注"。

2 J.-F. 马太伊，《空洞的目光：试论欧洲文化的枯竭》（*Le Regard vide. Essai sur l'épuisement de la culture européenne*），Flammarion，2007。

3 "虽然《蒂迈欧篇》坚定地使用了神话的形象化语言，但它完全符合科学的理性语言。"（J.-F. 马太伊，《拟像的威力：沿着柏拉图的足迹》（*La Puissance du simulacre. Dans les pas de Platon*），Paris, François Bourin éd., 2013, p. 196）。

4 J.-F. 马太伊，《拟像的威力》，同上。

一所关于实在的学校，根据真相，在发明电影的同时拆解着影像。"欧洲目光"的隐形眼镜旨在从它们的幻象中抽取出现象，为了抓住现象同时表达和隐藏的超越性。这是认同真、善、美的另一种说法，对其解构将使灵魂愤慨，将其遗忘会使心灵干涸。

这解构是什么，使马太伊想成为其检察官和诊断医生？一种"对语言的拆解，禁止一切向中心和基础求助的想法"。将存在降格成阴影的游戏，"绘画中风景和脸部的消失，以及音乐中调性和旋律的废除"。中性写作的增值，其白度相当于当代艺术所珍视的单色。简而言之，人之死，在上帝之死后。"矛盾的是，人成了人最糟糕的敌人，不是在肉体上摧毁他——如历史中一直发生的那样，而是从概念上删除他，而哲学从未这么教过。解构主义的意识形态没有给人带来任何希望，人的面容注定要在沙漠中变得模糊不清，随着时间流逝。"

出于习惯，人们可能会想在马太伊的文中第 N 次地看到一个非当代的形象——为这时代悲痛，其思想只有怀旧——但这是误读了他，并泄露了自己的回忆。因为这位哲学家若想要在《被毁灭的人》中改变 21 世纪把世界从意义中剥离、将主体从实体中剥夺的各种方式，那将是徒劳的，马太伊的目标不是要中止在这世界之上的影像不得不呈现的样子（或对其曾经是怎样的记忆），然后痛苦地发现一切都完蛋了。远非如此。

马太伊太柏拉图了，无法满足于反思的胜利，又太加缪了，不会在理解之前做出判断，而且他也太自信了，不会去设想这些破坏行为除了失败还会有什么别的可能。恰恰与哀叹相反，他的策略是去揭示解构主义是如何自己将自己解构掉的（因为必须得有词，才能表达语言的无效性，就像影像必须有模本才能被沉思）。在这一点上，他总结道——这是他的最后一句话："人的毁灭，在今天，只不过是一个注定要消失的幻觉。我们永远也不能将人拆开，因为，每时每刻，正在编织这锦缎的，正是我们人自己。"

人文主义还剩下什么？它被一把钳子夹着，一边是福柯派蔑视者们，另一边是其最天真幼稚的支持者，其伟大理念在现实中除了献爱心之外什么作用也起不了。马太伊与这两者都保持着相同的距离。激进唯物主义对他来说并不比多愁善感的抽象派更有诱惑。就如加缪在《思索断头台》中所言："与之相反，我尽可能地远离这种软弱的感动，在这种感动中，人道主义者扬扬自得，价值观和责任感混淆不清，罪行被抵消，最后，清白失去了它的权利。"[1] 人文主义不是一锅爱心大

1　A. 加缪，《思索断头台》(*Réflexions sur la guillotine*)，*Œuvres complètes*, t. IV, op. cit.。

杂烩，也不是一个将那么多标准当成信仰之主体的入侵式勃起，而是悲剧式的——亦即无法和解的——论说，既不弃绝现实的粗劣，也不否认人之怪诞。

我与让－弗朗索瓦·马太伊并不同龄。基于一些分歧、共同的关注、信赖器重和绝对的礼貌，我们的友谊属于另一个时代。我们之间更多的是一种钦佩——让－弗朗索瓦称之为"彼此的"，有益地弥补了距离。我们每次讨论都充满了一种相互的好奇心。因为，除了阅读之外，我再也不会有机会与他交谈，因此，请允许我在这篇徒有其名的前言尾声，向他直率地提一些反对意见，虽然，这一次，他再也不会回答我了。

亲爱的让－弗朗索瓦，您真的认为"现实翻转成了影像……人们不再需要出门就能到外面去"？如果"影像传播的现实被其使用的技术工具给颠覆了"，那么，我们是否必须认为"当家中的世界被外部世界入侵时，家中的世界就变成了虚幻，或幻象"？只要一台计算机就足以传递公民影像，这不正是与奥古斯丁所定义的"内心"（由非自己的思想带来的心之显现）以及被那些人切断后反倒扩大了的孤独重新建立联系的机会吗？

您雄辩地揭示了因果倒置的问题，因为在社会性别研究中他们如此认为："不是因为有着男女两种身体的性别，社会中才有了男女的行为举止；而是因为语言中有阴阳性两个'社会性别'，社会才区分了男女的性别。"好吧。可是，即使不往深里说（也不谈那些将"雄性"从"阳性"、将"雌性"从"阴性"中分离出来的哲学家的固有天才，您不要不高兴，他们倒是实现了一种文化上的进步），您又如何能断言盎格鲁—撒克逊国家的性别研究成功的主要原因在于：法语的语法中没有中性，"英语中有中性，具备了消除两性生物性对立的办法"呢？对社会性别的诊断（及在他们眼中由语言造成的、错误的性别起源）进行解构，与此同时又断言该诊断之成功的保证是其语言本身（在此例中即英语），这不是自相矛盾了吗？如何才能看出是语法的力量制造出了这些随之成为法则的理念，同时又否认是语法的威力使我们相信男人和女人之间存在着（也许是想象出来的）差异？

您在谈了雷米·布拉格（Rémi Brague）[1]之后，转到了蒙田（"古典人文主义"）和福柯（"现代反人类中心主义"）的思想上，两者都无法"为人类的存在赋予合法性"。但是，当您说蒙田"忘记了外部支点的必要性，无法把人建立在短暂的人生之上"时，您对蒙田是否公正？第一个能代表自己言说、

1　以及他的著作《人之本性：关于恐吓的合法性》（*Le Propre de l'homme. Sur une légitimité menacée*），Paris, Raphaël Enthoven, Flammarion, 2013。

不屈服于"自我"之偶像的人，不正是蒙田吗？阐明价值判断，无须再求助于那些其基础存疑的原则——完成这一壮举的，不正是蒙田吗？《随笔集》真的有"把人折叠进其自身的空虚之中而不给予任何出路，促使其消失"的功效吗？

最后，您把将人从自身中拯救出来的重任交给了超越性（出自某种原则、偶像或理念），可是，加缪——您的，也是我的——加缪，不是教诲我们：生命先于生活的理性，只要能接受人终有一死，就能不再把人性制造成一个属于过去的未来了吗？

拉斐尔·恩托文（Raphaël Enthoven）

导 言
最后之人：人性已死？人文主义已逝？

> 我们，露茜和我，生活在一个毁坏的世界中；由于不懂得报之以恻隐之心，我们与之疏离间隔，使它的厄运，和我们的，都更加深重了。
>
> 米兰·昆德拉，《玩笑》

必须承认，时代精神与人之间已不再合拍。无论是与西格蒙德·弗洛伊德谈《文明及其不满》，还是与查尔斯·泰勒谈《现代性的隐忧》，我们在这一点上都意见一致：人正陷入一种颓丧，而这种颓丧预示着人之终结。这时代的天际也阴郁晦暗，证实了托克维尔的预言——一个不再照亮未来的过去，使精神独步于一片漆黑之中。如果说时代精神不再拥有光明作为向导，那是因为人已丧失了方向感。阿尔贝·加缪在他的《札记》（*Carnets*）中提到，他本能地追寻着一颗隐密之星，因他在自己身上看不到光亮。这是在承认我们已经不可能在人的身上看到光亮了。一个已然弃绝了其文化遗产、投身于致命放纵的欧洲人。两次世界大战的震荡，在犹太大屠杀的创伤中达到顶峰，使诉诸人文主义的希望几乎无存。

人之被废黜，于今日早已司空见惯。在奥斯维辛和广岛之前，一些欧洲作家就已敲响了警钟，宣告人性正在向着兽性——或随之即来的灭亡——倒退。D. H. 劳伦斯在 1920 年出版的小说《恋爱中的女人》中毫不犹豫地告诉他的一个角色："人性已死。将会出现一种新的表现形式，以一种新的方式。就让人性尽快消失吧。"同年，年轻的古斯塔夫·亚瑙赫（Gustav Janouch）在布拉格遇到卡夫卡。在一次交谈中，他对《变形记》的作者宣称，他们这一代人生活在一个已被摧毁的世界。卡夫卡回答他，如果一切都已被摧毁，那么人们就可以重新开始了。不过，引领他们向他们期盼的未来走到此处的路径已经消失，他们从此将只能活在"一个无望而漫长的堕落"之中。卡夫卡还补充道："我们不再能辨认出事物之间的相关性了，赋予事物超越个人意义的相关性。虽然看上去一片熙攘喧嚣，可每个人都哑不能言，孤绝于自身之中。世界的准则和自我的准则重叠交错，不再能协同生效。我们并不是生活在一个已被摧毁的世界中，我们是生活在一个错乱的世界中"（1978，135）[1]。

---

[1] 文中附注的第一个数字为法文翻译版的出版年份，而不是原始版本的出版日期。第二个数字表示引用页数。对于同一作者同年出版的作品，标题放在前面并用斜体字表示。完整的参考文献列在卷末的参考书目中。

　　这位小说家感觉到，事物不再由一个至高的意义所支配，世界和人也不再相偕相接。正因如此，"从外部支撑人之存在的那些脚手架倒了下去"（1978，166）。当时间挣脱了铰链，世界就会错乱得如同大钟的梦魇。况且，又没人能将过去与未来的发条连接起来。

人之终结

　　从埃斯库罗斯（Eschyle）到季洛杜（Giraudoux），悲剧中从不缺那些珈桑德拉 [1]。她们在历史中也不曾缺席，总是在为科学提供预告。物理学家史蒂芬·霍金（Stephen Hawking）预言人类将在 200 年内灭绝，经过深思熟虑之后，才往后推迟到 1000 年。微生物学家弗兰克·芬纳（Frank Fenner）就更急迫了，把这个消亡缩短到百来年左右。至于政治学家弗朗西斯·福山（Francis Fukuyama），在出版了《历史的终结》（La Fin de l'histoire et le Dernier Homme）后，旧病复发，又在《人之终结》（La Fin de l'homme）里研究起力图消灭人类的超人类主义论题。那些高深的生态学拥护者也不屑于掩饰其意愿：用被视作"大地母亲"的生物中心主义来取代人类中心主义。其中最激进流派的奋斗目标是消灭人类，因为人类活动扰乱了自然，并摧毁了大量的活跃物种。

1　珈桑德拉（Cassandre），特洛伊公主，预言家。——译注

这些关于人之灭亡的假说期待着在未来得到验证，但这甚至比届时无人能够见证更加不可能。它们只有在与西方文化决裂的基础上才有可能，而这正是解构主义意识形态所宣称的目标。我们一般把我们的文化称作"人文主义"，一个既含糊又新近的词，因为它只能追溯到 19 世纪。"humanismus"[1] 这个词是德国哲学家阿诺尔德·鲁格（Arnold Ruge）在 1840 年创造的，并非是用来表示文艺复兴中重新燃起的对古典作品的鉴赏热潮，而是用来指称他提出的与社会主义"单面人文主义"相对立的"全面人文主义"的概念。马克思在 1843 年写给鲁格的一封信中，采纳了这一"人文主义原则"，以便将其运用到共产主义之中，需要注意的是，马克思虽然对把人放入"一部新作"无甚兴趣，但用他的话说，他正在试图让"他的旧作重获良知"。这绝不是说共产主义学说已与先前的人文主义分道扬镳，而是他自己喜欢到未来中去"实现那些过去的理念"。

说这些是为了看清楚，如我将在下文所展示的，理念在人类历史中有着至高地位。我们随时都可以宣布人之终结，连同人文主义一起终结。然而，某一意识形态的终结并不意味着它所依持的理念也一同终结。若是我们不再对人性理念

的持久性抱有信念，那么我们很快就会使人的现实连同这个
理念一起解体。这是京特·安德斯在《过时的人：论第二次
工业革命时期人的灵魂》（ *L'Obsolescence de l'homme, Sur l'âme
à l'époque de la deuxième révolution industrielle* ）中所确立的。
作者假定人存在于其稳定持久之中，就如我们在古代神话中
所读到的那样，而如今人正在变得过时。"过时"这个词专
用于消费产品，其时效是事先设定好的——他选择用这个词，
是为了强调现在的人把自己视作与工业产品没什么差别的东
西。因此，人能够顺从地接受自己的消亡，好像知道自己已
完成了使命，必须让位给更精良的产品了。

　　安德斯把对需要除去的过期之人的批判集中在人的自
然性上。这种自然性与暴露出仿造性的可制造性——也就是
其虚假性——是截然不同的。后者正是他所揭露的"普罗米
修斯之耻"，成为其所是——即人——的耻辱，而非被制造
成其所不是——即东西——的耻辱。在诗人和哲学家们的不
懈教诲中，有一条简洁的命令："成为你自己。"但是，要
成为一个人，就必须走到这个连自己都不甚明了的人之存有
（être）[1] 面前，并将其看作一个奥秘。当安德斯力图复兴那
些往昔的理念，力图凭借在任何时候都不会过时的、对人性

1　存有，存在者、存在之状况，多指具有主观性的实体，如"human being"中的
"being"。——译注

的信仰重建这些理念时，他是属于人文主义传统的。当他断言"人的边界须从人之所是之上如实地勾勒出来"（1956，33）时，他承认了人是存有，而非东西，并且，这个存有拥有边界——他禁止自己跨越边界，让自己不至于抛弃人性。

技术产品随着革新相继而来，又随着革新转瞬过期。它们的朝生暮死取决于生产的仿造性，而人的存在却取决于诞生的自然性。如果人去和在力量及繁殖能力上均比他优越得多的产品对抗，那他将立即因为其所是而羞愧不堪。于是，存在的重量从主体转到了客体，从被生下的不便——按照萧沆（Emil Cioran）的说法——转移到了被制造的不快。普罗米修斯之耻驱赶着人去仿效其所不是，仿效一团阴影、一种虚构，或一个拟像（simulacre）。安德斯毫不迟疑地写道，作为一个伦理学家，他还真狠不下心来"为人的理念送葬"（1956，59）。的确，当我们细看人之存有的行程，从出生到死亡，我们无法避而不提：使他抵达其人性的，并非某个没有成为其所是的真实的人，而是柏拉图意义上的这个词——理念（Idée）。

人性之消解

人之存有能变得和其制造的产品不相上下，这使人在民主社会中的丧权失势清晰可见。那些极权政体对此也并无不同构想。纳粹在流放关押犹太人时，并没有把在聚居区以及之后在集中营及灭绝营中集中起来的人看作人之存有。艾希曼（Eichmann）也没有把自己视为犹太人的敌人，他只把自己看作一个运输部部长，只对运送乘客去死亡营的那些列车负责。当一个人在其他人看来并非其所是、并非人之存有，当其他人也不思量这个在他们眼前遭受痛苦的是不是一个人——因为他们对于人之理念已经盲目无视，而且，借用列维纳斯（Levinas）用在上帝身上的话，他们对这出现在理念中的人毫不在乎，将其视作完全被抛弃的型号，那么，他们没有任何理由不像对待东西一样对待这些人之存有。

犹太大屠杀揭示了现代性使人沦落到产品的地位，被社会为了行政管理所利用。悖论在于，这个人之存有的社会不再自问人性之存有是什么了。齐格蒙·鲍曼（Zygmunt Bauman）将这一点讲得很明确：官僚机构的合理化改革是如何使希特勒分子毁灭犹太种族、使斯大林主义者毁灭有产者成为可能的。极权主义的出现带来了文明的进程，但这个文明进程并不能阻止极权主义误入罪恶之途。最让人吃惊的是"犹太大屠杀是在一个现代的、理性的社会中，是在我们达到了高度文明的、处于人类文化顶峰的社会中出现和实施的，这就是为什么这是这个社会、这个文明、这个文化的一个问题"（2008，17）。当鲍曼强调是官僚机构为极权政体铺平了道路时，他指出，伴随着人性的丧失而出现的，正是对创造工具的人和使用人的工具之间的混淆。如果说我们不管怎样都能做到"在非人的条件下仍然是人"（2008，250），这是因为我们在自身中仍保持着一个人的理念——不毁掉我们的人性，就抹不掉这个理念。

齐格蒙·鲍曼揭示了一个时代的特征，他将其看作人性的液化。在诸如《液体现代性》《液体爱情》《液体生活》《液体恐惧》《液体时代》《液体现代世界中的文化》等一系列作品中，这位社会学家观察到有一种主导力量切断了之前几个世纪给文化带来的东西。什么是液体生活？一种消费生活，将人降格成产品用户，而产品总是以最快的速度消失，为新产品腾出位置。身陷永不停息的欲望和消费之中，人的存在与物体的转瞬即逝混为一谈，而物体的出现只是为了随之消失。我们生活的框架则更加变幻不定，因为它被一条我们难以追随的消逝痕迹拖走了。虽然在法律上仍服从于陈旧如破衣烂衫的人文主义，但事实上，人已降格成了一片含糊不清的形象拼凑。

一旦生命进程转变为生产程序，也就是说，成为一堆被剥夺了目的的理性手段，时间就会风化，不再向人性敞开意义的天际。人不再旅居于这个世界，离开了一切居所，消散成一大堆碎片。人及其文化——"一种解除了约束的、断裂的、遗忘的文化"——的毁灭，鲍曼强调（2013，101），是经由它们的解体，或者说它们的清洗，而完成的。存有之间的永久联系以个人的爱、艺术文化和社会团体的形式，一点点地被液化，人性的理念无法再建立起一个人或者一部作品。在一种液体的生活和一种被清洗过的文化中，一切都被平等化，损害了创造的品格。真实的人之间的实际关系让位于虚拟连接，而每一个操作者都可以随心所欲地切断连接——按下"删除键"。

疯子的宣言

毁灭，与没有品质的人无关；毁灭的，是自身带着人性理念的存有。人文主义的消失是其晚近的意识形态。后现代解构主义的人类安魂曲是早先的真相。这部献给消逝之人性的弥撒曲中最富丽的管弦配器便是尼采《查拉图斯特拉如是说》的序言。对于先知来说，人是"某种必须超越的东西"，先知告诉群众：超人将要到来。由于他的话只引起了哄笑，因此他决定向他们描述"最卑鄙者"——"末人"。这个角色与仍保持着人形但几乎已不再有人性的"最丑陋的人"不分彼此。这种人之残渣，实际上是一个无法形容之物，先知指责他就是杀死上帝的凶手。

谁是末人？一个无法控制自己内心的混乱、无法孕育一颗星星的存有。

无力创造。当被问及存在之时，他不知道这些词的意思：爱、创造、心愿、星星。

不理解世界。由于受不了太阳的光芒，他向其同类递了一个默契的眼神。

目光的贫瘠。他对世界之宏大无动于衷，将一切事物都缩减到一只蚜虫大小。

歌颂无足轻重的事物。最后，他满意地宣称自己发明了幸福。

理想的枯竭。末人不再想创造也不想孕育、建立一个新的开端。群众为在末人的肖像中看到自己的形象而心花怒放！他们跺着脚，眯缝起眼，时不时咳嗽两声，咂咂舌头，尼采写道，无法回归安宁生活的征兆倍增。

《查拉图斯特拉如是说》的序言与《快乐的科学》中的辩解者（他的名字叫"疯子"）是交相呼应的。群众没有听到先知和疯子的宣告：一个是人之死，另一个是上帝之死。尼采描绘了一个场景：一个疯子在正午时分点起一盏灯笼，仿佛太阳陷入了日蚀。这个人去了市场，不是为了寻找超人或末人，而是为了寻找上帝。群众嘲笑这个失去了上帝的人，就如一个人走丢了孩子一样。于是，疯子向人们发出愤怒的呼喊："上帝去了哪儿？我要告诉你们。是我们杀了他，你们和我！"人们是杀死上帝的凶手，并且，也是毁灭人类的间接凶手，因为人之消除，就是上帝之消失的另一面。

世界失去了基石，正在极度的混乱中瓦解。疯子声称人类已经抹去了天际，还使地球脱离了太阳。我们的星球失去了光明，在堕落中粉身碎骨，从四面八方沉陷并被锁入了暗夜之心。因此，我们才不得不在正午点亮灯笼，就像那白痴在演讲之前做的那样。还有，丧钟敲响了它的主旋律："上帝死了！上帝活不过来了！"疯子此刻才明白，他来得太早了，人们还没有意识到这件事的可怕：上帝死了，上帝被他的创造杀死了。因此，疯子才会突然冲进城里的教堂，唱起他的上帝安魂曲。

束缚地球的太阳之消失，象征着末人对人性的无动于衷。没有方向，则象征着人不再将自己看作人。在尼采的观察中，有一场对星宿（astre）的遮蔽，一场灾难（désastre），就表现在末人听到"心愿"（désir）或"星星"（étoile）这些词时的无动于衷。"星星"的意象被视作去除了人的上帝，这阐明了与"心愿"之间的亲近关系。"心愿"这个词源自"星星之不在"（desiderarium），是吉兆。末人不仅是在没有考虑其行为后果的情况下杀死上帝的存有；在失去了星星之后，这个存有已经不再能承担其人性了。

主体之死

就像患了失忆症一样，人不知道自己是谁，不知道去向何方。"'我不知道向哪边转；我就是那个无法找到出路的人'，现代人呻吟着……正是这种现代性使我们生病了"，尼采在《反基督》（L' Antéchrist）中如此写道。但病人可以考虑两种策略。要么在哀痛中坚持寻找引领生活的星星，为此，他需要继承人性的遗产，按照马克思的设计，他的人文主义将会实现过去的理念；要么为上帝之死和人之终结欢呼鼓掌，享受在这两堆灰烬中获得的自由。我要在本书中探索的正是这第二条路，看看人——按帕斯卡（Pascal）的话来说，远非无限超越人的人——能否放弃他登上人类之高度的意志。

康德将关于存在的问题归并为三个质问：

我能够知道什么？这是关于真相的问题，由形而上学负责。

我应该做什么？这是关于正义的问题，由伦理学负责。

我可以期望什么？这是关于善的问题，由宗教负责。

然而，康德又为这些基本问题加上了第四个：人是什么？这属于人类学，研究人类的各个方面，为了将其多样性归于统一。正是这种统一——我们称其为意识、我思[1]、灵魂或主

1　我思，"Cogito, ergo sum"（我思故我在）中的"Cogito"（我思）。——译注

体的统一——为现代性所质疑，现代性否认这是一个实体的现实。在人这个词之中，不存在一个个人能在其自身中抵达的稳定核心。无论如何探索人性的内在性，我们只会发现一个越来越黑暗的虚空，我们好像抓住了它，但这是凭着——借波德莱尔的意象来说——旋涡的吸引力。

在柏拉图眼中，人无非就是他的灵魂，而且，由于它与他人的灵魂互相一致，因此他更应该关注它。当圣奥古斯丁走入他的思想圣殿时，他发现了上帝，比他自己的内在性更为内在。相反，对现代人来说，降临自身却只会遇到虚无。因此，尼采指出，几个世纪来科学一直在寻求的真实世界，对于我们而言，已成为一种传说。但真实的人同样成了一种传说、虚构或幻觉。事实上，后现代性成了一种解构人类所有决策机能的游戏。人们可以在米歇尔·福柯（Michel Foucault）的作品中看到这种例子。这位《词与物》的作者援引了尼采的思想脉络上的人之终结或人之死。它要采取行动，革除以主权主体的形式统治了 2000 年的存有。这便是由哲学、科学、艺术、道德和宗教所建立的关于人的理念，于此被废除了。

在尼采重述地球脱离太阳的形象之前，康德就提到过哥白尼革命。现代人已不将上帝视作中心，而且很快也不会再将自己视作中心，因为他不再占据创造的中心。随后，人们对将人置于物种序列、归入动物进化环节的达尔文理论胡乱评论。最后又为这些弗洛伊德做过反思的耻辱加上了最终润色。革除意识的耻辱成了一棵在无意识的洋流中消失了的珊瑚。福柯于此得出逻辑结论，假定"选择一种革除主体的举动是伪主权"（*Dits I*，1095）。这种假造的主权以何种形式呈现？在奥古斯丁主义神学传统中受到神圣诫命的灵魂，在康德主义的伦理传统中受制于法律普遍性的主体，以及在亚里士多德主义中受制于城邦宪法的公民。

作为"知识、自由、语言和历史的起源和基础"（*Dits I*，816）的主体的虚假主权在历史中屈从于"大写的主体"的三个形象："上帝、良知和社会"。因此，它依赖于他律的决策机能（instances hétéronomes），最终成了它们的奴隶。人之死和人文主义的终结，就如那些被因于其处境限制中的生灵的故事，是大写的主体死亡的映像。从这堆瓦砾下浮现上来的，是一个解放的个体，他致力于他唯一的权力欲望。因为权力是福柯对人之死押上的真正赌注。一个挣脱了锁链的欲望，就有理由取消一切禁忌，尤其是和性与毒品有关的禁忌，也有理由取消所有对个人享乐加以约束的规范。

沙中的面容

20 世纪下半叶，反人类中心主义哲学从全球斗争中的反人类中心主义政治手中接过了班，将上帝之死等同于人之终结。众多思想家毫不内疚地迎合着解构主体的癫痫假设。路易·阿尔都塞（Louis Althusser）用科学工作的必要性来解释他对"可笑的人类概念"的拒绝：为了学习历史辩证法，有必要"将人的（理论上的）哲学神话化为灰烬"（1965，236）。至于雅克·拉康（Jacques Lacan），他一直在否认精神分析是一种人文主义，甚至提出"精神分析的对象不是人，而是他所缺失的东西"（1966）。克劳德·列维-斯特劳斯（Claude Lévi-Strauss）则推敲出了将人从科学中排除出去的决定性公式，人成了不能存在的对象："我们相信人类科学的最终目标不是构建人，而是消解人"（1962，326）。事实上，他们的研究兴趣不在于人，而在于其相关性、网络、知识领域的结构，简而言之，就是他的语言和社会生活的组织系统。

吕克·费希（Luc Ferry）和阿兰·雷诺（Alain Renaut）是最先采用这种激进反人类中心主义的方法并揭示其矛盾的人。在研究 1968 年左右发表的代表性文本时，他们强调了当时法国哲学的共同基础：在理论上"对理性的解构"，导致了在实践上"主体性的毁灭"（1988，55、68）。无论是福柯、德里达、德勒兹、拉康还是布迪厄（Bourdieu），他们都在追求一个相同的计划：去除被认为是幻觉的自主主体，为一种失去了重心的匿名个体腾出空间。仿佛"68 思潮"（la pensée 68）的一切目的就是颠覆人文主义传统，用让－弗朗索瓦·利奥塔（Jean-François Lyotard）在以"思潮"为基础的《知识分子的坟墓》（*Tombeau de l'intellectuel*）中的话来说，就是要将"哲学变得不近人情"。事实上，知识分子们——带着一种真正的"对普遍性的仇恨"（1988，59、194）——提出要摒弃的，是人的坟墓，是我们所继承的那个人的经典形象。

如果说"反人类中心主义思潮向野蛮敞开了大门"（1988，195），那么解构主义似乎确实是一件野蛮的事。因为，野蛮不就是毁坏文明所建立的事物吗？如果打算建立一座更坚固、地基更安全的建筑，那么拆除一座旧建筑则是合理的。但是，解构的概念——更有甚者，破坏的概念——是对未来建筑的禁止，因此，是一种对不育的首肯。费希和雷诺将解构主义的意识形态解释为"有条不紊的清算事业"和"消除主体"（1988，233、246），并强调它们所带来的伦理后果。我们可以在其中看到一种野心更大的企图，即在与世界的交叠中取消人类的身份状态。解构主义的冲动只是一场深远运动的表面部分，这场运动旨在取消人之构成的本原。这种蹂躏是一种真正的毁坏。

在卡夫卡描写现代人变形为动物之前，尼采就已经用矿物的隐喻来呈现人性的倒退了。在《朝霞》（*Aurore*）的第

174 段，他提出了一个基本的问题：“我们不是在取最短的道将人性化为沙子吗？精细、轻柔、圆滑、无穷的沙子！”正是这人之沙洲展现出了毁灭之貌。毁灭（devastare），恰恰就是“变成沙漠”（rendre désert）、“掏空”，因此，毁灭正是一个背弃自己和世界之人的行为。海德格尔也是在这个意义上理解这一点的：“毁灭发生在一切之中：世界、人类、大地，导致对所有生命的遗弃”（2006，28）。汉娜·阿伦特也曾用类似的语言来形容极权主义，对她来说，极权主义就是“运动中的沙漠”。她对“有组织的荒芜”的分析击中了我们这个时代的人性，与卡夫卡对“错乱”世界的判断是一致的：“我们知道它的危险：它将会毁灭这个世界——一个似乎到处都是穷途末路的世界。”（1972，27、231）

　　要理解这种形而上破坏的意义，我们必须重新思索一下已经耗尽了资源的人文主义这个词。我将用更严密的建筑学术语代替它。如果说解构意味着在宗教、艺术、哲学和科学中将人抛弃，我将首先审视一下在现代性将人瓦解之前人之构成的本原。这种组成在希腊哲学、罗马法和基督教的交汇处，建立了一种以人性模本为中心的、建筑术[1]的文化。古代

1　architectonique，一般译为“建筑术”。该词为本书最重要的关键词。archi 源自古希腊语中的 ἀρχι-，即 arkhi-，衍生自希腊语中的 ἄρχω，即 árkhô（首要、开始、领导、治理）。tectonique 源自拉丁语 tectonicus（建造的、建筑的、构造的），借自希腊语 τεκτονικός，即 tektonikós（建筑的），衍生自希腊语 τέκτων，即 téktōn（建造者、木匠）。故 “archi” + “tectonique” 字面意义为“首席建造者的”。——译注

哲学、基督教教义，以及中世纪、文艺复兴和现代的综合，已经发展出了先于人文主义概念的、严格的人性理念。正是这种人类灵魂的文化，铸就了尊严的概念，建立起一种作品的结构，而人正是在这个结构中认清了自己的面貌。

与之相反，我们将在第二章中看到，近期的现代性对解构建筑术思想和作品的计划已经商量妥当。当海德格尔谈到对存有之历史的破坏时——被看作人文主义实现之基础的形而上学传统，他为哲学性解构的激进运作开辟了一条道路。从雅克·德里达的《论文字学》（ *De la grammatologie* ）开始，这种实践并不是以一种方法或系统的形式出现的，而是作为一种分解西方思想之"基础概念的传统结构或建筑术"的练习（Psyché，1987，338）。在液体生活声称自己是时光流逝之际，解构主义思想正在为世界的崩溃欢欣鼓舞。我们将看到这种做法是如何通过拆解一种在思想中禁止诉诸中心和基础的语言来颠覆建筑体系之遗产的。

第三章是关于模本之解构，鉴于拟像之来临。由于缺乏调节的理念，现实成了其影子的影子。京特·安德斯在雅克·德里达之前，就已揭示了让存在沦为类似于柏拉图式洞穴的光影游戏。他书中的主要文章聚焦于广播和电视传送的幻象，标题为"作为鬼魂和作为母体的世界"（"Le monde comme fantôme et comme matrice"）。安德斯认为，世界已进入了一个解体的过程，虚拟鬼魂取代了真实的人。没有什么能比当代艺术更能说明这一点，我将在第四章中展示这一点。自希腊和文艺复兴以来被视作普遍的建筑术的西方传统艺术，正随着人类存在的虚化而破碎。列维－斯特劳斯对绘画中风景和面容的消失以及音乐中对音调和旋律的摒弃表示遗憾。似乎当代艺术的前卫先锋们都急着要摆脱以一元的方式布局的作品。在文学中——写作的中性，绘画中——画布的空洞性，音乐中——乐器的沉默，都成了艺术的终极限制，一种已变得面目全非而不自知的艺术。

最后一章对人的终极解构进行了定位，这已不在人业已枯竭的精神理念之中，而是在他的肉体现实之中。我想谈谈那些为了人之继承者的利益而想要废除人的后人类意识形态。当福柯认识到"实现上帝之死的，正是人之死"（2008，78），这份死亡证明是先兆性的，但还不完整。因为从这时起，在人之死中，改造人（cyborg）诞生了。人们还可以用其他名字称呼它：后人（posthumain）、超人（transhumain）或神经元人（homme neuronique），并给它铺上硅基集成电路的神经植入物。无论这虚拟形象是什么，它都不再会回复到前人的身体、智力和精神特征，它的生理性别也中性化了。人自己宣布的人之终结，将使过去的人性成为一种废品、化身或拟像。描绘一个人将成为其自己鬼魂的时代的，并不只有安德斯。乔治·斯坦纳（George Steiner）在一篇关于"二战"大屠杀的精彩文章中，质疑了丧失人性之人的命运。"这话虽然还是人话，但从这个词的基本意义上说，它是由幸存者、记忆中的人和鬼魂说出来的。"（1987，261）

人不是鬼魂，虽然他们的特征可能会像画在海滩上的沙脸那样被冲没。可是，他们见证着，某个并非影子的人正在真实面孔的模本上勾勒这个轮廓。

1
构筑人性的文化

　　查拉图斯特拉在一次演说中，谴责了死亡说教者们那喋喋不休的布道。尼采于 19 世纪 80 年代描画这些人的肖像时，并没有想到他们的说教会在接下来的一个世纪中再次响起。他们来自不同的背景，从神学和道德的角度，宣布了上帝之死、人之终结和人文主义的消亡，并从逻辑和本体论的角度，宣告了理性的撤销、真相的溶解，以及存有的解体。一切在传统的言论中属于本原、基础或中心的，也就是说，属于意义之来源的，都被当作幻觉给抛弃了。这些破坏者并不是学着笛卡尔的样子去攻击哲学之树，而是去攻击其树根，因为他们知道只要毁掉了树根，树枝的损毁和果实的消失就是必然的了。

　　与《沉思录》（*Méditation*）的作者笛卡尔不同，他们并没有为了创立切实而确定的科学及道德知识去钻研新的基础。他们所证明的唯一恒定是他们所知的不恒定，以及他们所言的不一致，因为语言——就如他们所表达的存有一样——在他们眼中，已经丧失了附着点。阿基米德的支点已完全被毁，人不再能承受存在之重，更不要说撑起从太阳中挣脱出来的地球了。在人性之光丧尽，也不再有星宿指引之时，还有谁会来指点尘世的意义呢？

"解构"一词用来描述那些凭着一种反人文主义理论的人的行动。为了翻译海德格尔形而上学中的"Destruktion"，雅克·德里达引入了"解构"一词，其法文形式"déconstruction"更好地点明了其真正要推倒的对手。它与出自后起观念的人文主义无关，却与孕生了欧洲人性的智性结构的形式有关。德里达给这个文化模式冠名为"逻辑中心主义"（logocentrisme）和"欧洲中心主义"（européocentrisme），有时也叫"阳具逻辑主义"（phallogocentrisme），因为欧洲思想将其理性集中在阳具的力量上。因此，解构的目标便是人之理性和肉体的构造核心——体现在生育力和创造力上。为了颠覆逻各斯哲学之父柏拉图的思想，德里达毫不犹豫地在他发扬光大的、五光十色的修饰词海中又铸造了一个古怪概念："basiléo-patro-hélio-théologique"（王—父—日—神学）（*Dissémination*，1972，154）。他将这个词理解为王、父、日、神之话语在一种超验理性原则之中的融汇。

因此，解构的目标是瓦解属于本原（principe）之物，即"原初"（arché），并驱散建筑术中的主要人物：作为城市起源的国王、作为人之起源的父亲、作为生命起源的太阳，以及作为世界起源的上帝。人们将会明白，解构主义者攻击的是欧洲精神文化所建立的一切。 解构是一切构建形式的死敌。

人文主义的超限

在我看来，要说人文主义的概念已经用尽了人的想法，这是令人怀疑的。在我看来，要说人文主义的衰落导致了人之灭亡，这更加不可能。我在提出毁灭形而上学之概念的思想家身上找到了证据，但这将被大批解构语言、理性和一切基础真理之模式的追随者们拒之千里。那么，让我们先回到第二次世界大战结束之际。1945 年，法国哲学家让·博弗雷（Jean Beaufret）给德国哲学家马丁·海德格尔写了一封信。在这场毁灭的狂热之余，在历史认清犹太大屠杀的灾难之前，博弗雷向他的对话者提了两个关于萨特的承诺和哲学风格的问题，但他并没有得到答案。激起海德格尔兴趣、使他写出一篇决定性文章的，是第三个问题："如何才能使'人文主义'这个词重获意义？"这里的问题不在于"人文主义"，而是"意义"这个词，虽然读者的注意力会集中在第一个词上。海德格尔倒不会误解博弗雷的言下之意。

次年，他在著名的《关于人文主义的信》（*Lettre sur l'humanisme*）中答复道：这个问题的提法意味着"人文主义"一词已经失去了意义。现在，我们虽然仍相信人的尊严，却不知道如何通过一个不再有多少可信度的词去理解我们的文化传统。在一场致使数千万人死亡、以两颗原子弹爆炸才告终的战争结束之际，我们如何还能自诩人文主义？我们也不知道"意义"这个词是什么意思，不知道它会命令我们追寻哪个方向。因为，如果天际不再给人任何指向，如疯子向他的同胞叫喊的那样，那么如何才能重新把意义赋予——无论什么——人、世界或上帝呢？人类如何才能找回大地的意义，追随正确的方向，当我们这颗迷途的、失去了太阳的星球，就如人性那样，饱受蹂躏之时？

海德格尔提醒道：博弗雷希望维护的人文主义这个词有两种不同的含义。一方面，人文主义源起于罗马，其主要特征是承认人的人性，拒绝野蛮。罗马的人性（humanitas）[1]受哲学学苑后期希腊派的拜德雅（paideia）[2]的影响，规定必须弃绝暴力，弃绝文化破坏。人文和公民教育应该为建立理性和建设和平而进行。在这第一点意义上，人道之人（homo humanus）从本质上与否定这一本质的野蛮之人（homo barbarus）相对立。另一方面，人文主义也是文艺复兴时期名为"人类研究"（studia humanitatis）[3]的思想运动的一部分。其实，正是拉丁语词 humanistus 在 15 世纪给意大利语

---

1 humanitas，拉丁语。"hūmānus"意为"人"，词缀"-tās"意为"真的"。hūmānitas 即 humanity 的拉丁原型，原意为"真的人，人之质"。——译注

2 paideia，又称人文学，希腊语，意为"儿童教育"。——译注

3 hūmānitātis 为 hūmānitas 的复数属格形式。——译注

带来了 umanista 一词，给法语带来了 humaniste 一词。[1] 这些词汇所涉及的并不是人的内在道德本原，而是人文科学（humanités）中的广博之学。今天在盎格鲁—撒克逊国家大学的人文学科（humanities）中能找到的人性研究，从 16 世纪起就由四个文学学科组成：语法、修辞学、历史和诗学。正是这个智性的人文主义在试图重新找回古代的灵机，首先是在 18 世纪的德国，如歌德和席勒这样的思想家。

正如"文艺复兴"一词——意大利语中的 Rinascimento、法语和英语中的 Renaissance（再生）——所表示的，对哲学、科学、绘画、建筑、文学、诗学和音乐作品的研究标志着一种重新连接古代人类的执着愿望。矛盾的是，尽管现代性极力要超越这一理性模式，却仍与它的出现有关。海德格尔并不满足于回顾这一历史。他回到"人文主义"这个词的第一种意义上，指出这是建立在希腊出现的关于人之形而上的限定性的基础上的。它的普遍本质在哲学和艺术传统中已非常明显。其实，自亚里士多德的《政治学》以降，人就被认作是一种理性的动物，拥有逻各斯[2]，同时，也是一种政治动物，融于城邦[3]。从文艺复兴到 20 世纪，欧洲文化经历了各种各样的人文主义：实证主义、马克思主义、个人主

1　三个词都是"人文主义"的意思。——译注

2　逻各斯(logos)，λόγος（lógos），希腊语原意为"说"。——译注

3　城邦(polis)，πόλις（pólis），希腊语原意为"城堡"。——译注

义及存在主义，它一直孜孜不倦地遵循着这种"人与公民"的人性双重模式。没有哪种现代意识形态会不宣扬在学术和大学机构中广为传播的人文主义主张，至少在"二战"之后、解构主义思潮涌起之时，法国学界一直如此。

古罗马对这份遗产的解读强调了它源自亚里士多德，而《关于人文主义的信》则从这份遗产中后退了一步。海德格尔在信中没有提到解构，但批判了这个经典定义的合理根据——理性动物和政治动物，他认为这对人之本质的思考太拙劣了。还从未有任何哲学家指出过，这里的问题在于，这个定义将人之存有降格成了动物性，即降格成了生物限定性，尽管这种降格在其定义的最后还将因其合理性而受到褒奖。"形而上学在动物性之上思考人，"海德格尔冷淡地写道，"它不是朝着人性的方向去思考的。"（1966，90）于是，人文主义非但没有确立人的尊严，反而遮蔽了人的本质，因为它将其植入动物性的土壤——生活的土壤，而不是将其建立在另一种土壤——存有的土壤中。不过，海德格尔接着承认道，在伦理秩序之中，人是唯一一种拥有尊严的存有，并且拒绝接受这样一种看法：这种尊严来源于动物性和人性的二元性。

于是，他回复博弗雷：对人文主义的质疑在他眼中是有道理的，因为，与他声称的相反，"人文主义没有把人的人性放在足够高的位置上"（1966，100-101）。人文主义在本体论上的错误是将自己置于生物学主义的依附地位上。即使海德格尔没在这里明说，但这正是他应该介入的激进活动——20年前《存在与时间》中所称的形而上学之毁灭。这一行动并不是要摧毁哲学大厦和从方方面面来看都是形而上的科学大厦。海德格尔会对一切恶意解读进行辩解，并将自己与解构主义者区分开来，他认为无论是谁想要拆解哲学都是荒谬的。这也不是要摧毁人文主义所指的人，即使是以错误的方式。这是在用一种更本原的眼光，来取代将人之理性关联在其动物性之上的狭隘看法。位于人之中心的不是动物性，也不是生命力或神性，而是存有。它给予人一个比其他存有者更本质的存有者（étant）特权，而这取决于人之存有对自身之外其他事物的开放程度。在海德格尔所称的"存有的林中空地"（l'éclaircie de l'être）中，人摆脱了生物学上的生命限定性，打开了一个一下子就有意义的世界。而这种敞开，便是我们必须称之为"存有之意义"的敞开。人是唯一一种这样的存有：朝存有的方向一瞥，话语便应运而生，就立即产生了意义。

　　这就是为什么海德格尔在他的作品中放弃了通常为人所接受的术语——他否认兽性与理性的二元性，而使用Da-sein（此在），以强调人性的尊严。这在法语中很难翻译，而在德语中Dasein指某个事物的存在，海德格尔在一个新的意义上使用它，将 Dasein 和 Da-sein 区分了开来。我们只能将其理解为 être—sein 在 là—da ，在 "存有" 的敞开之中。[1] 法语中的 homme（人）一词源自拉丁词 homo，homo 指我们的来源——土地（humus），这说明人们过去懂得：这个存有一直在 "那里"，在它向其然[2]敞开的情况下一下子便处于世界之中，而不是像动植物那样囿于生命之中。因此，存有便是超越性本原；人，作为此在——就在那里的存有——从来到世界之际就被引向这个本原。就像在阳光之中，仅凭着经验的个体转向朝他反射阳光的物体，凝视着，此在便是这种向着存有的首次敞开，存有随之又照亮了那些存在物。

于是，海德格尔不再坚持人文主义悄悄编织出的形而上学传统。他在效仿文艺复兴时期学者阅读古代文本的方式做了研究之后指出，在思考人的人性方面，形而上学存在不足。形而上学的毁灭，以及作为形而上学后继版本的人文主义的毁灭，等于清除了从希腊源头和罗马复兴以来积聚的渣滓。人并不是他自身的中心，也不是他最后的终点，就如人文主义形而上学一直教导的那样。人性不是如马克思所言，位于

---

1 "être""sein" 分别为法语和德语中的 "有、存在"；"là""da" 分别为法语和德语中的 "那里"，但出于礼貌习惯，多指这里、此、面前的。"Da-sien" 直译为：位于此处的存有。即特指的。——译注

2 其然，其所是，即 ce qui est，what it is。——译注

一种人自身的根上，更不是像萨特所表达的，建立在一个只有人的层面上，因为人道之人并不是栖居在他私有的土壤上。我们一直凭着惯性称作人之人性的那个东西，其实就在存有的真相之中，用海德格尔的语言来说，就是"人不是从存在物的中心被立起来的"（1966，136）。那种特权属于存有，而不属于生命。

文化的建设

因此，我们必须回到这个真正的中心。正是这个中心推动了理性的建构，从被视作人之教育的希腊拜德雅问世及其在库突拉（cultura）[1] 中的罗马复兴开始（库突拉的模式日后成了欧洲的传统）。是西塞罗第一次赋予了人性他所谓的库突拉。在几个用来表达精神活动的拉丁语词：humanitas（人性）、doctrina（学问）、litterae（文字）之间踌躇多时之后，他找到了 cultura animi（心灵）和 cultura ingenii（自然、天生）这两个拉丁语习语。他又加入了源自拉丁语动词 colere（照料土地）或 excolere（耕种田地）的农业意义，将教育定义为"以教育来耕种灵魂"（excolere animos doctrina）。

---

1 拉丁语 cultura 初指"耕"，渐次成为"农业"，再发展成"培养""文化"之意，与上文的"拜德雅"（初指"抚养儿童"，发展为"训练"，再发展成"教育"之意）在词义发展上异曲同工。因其含义丰富，故采用音译。——译注

经过耕种（有教养）的人就是照料了其灵魂的人，正如耕种者照料土地那样，整顿了对世界的认识。西塞罗的表述在日后将成为欧洲思想的权威："哲学是对灵魂的耕种"（cultura animi philosophia est）（Tusculanes，II，13）。

因此，文化自首次露面便呈现为对心灵的建设。在我们的时代，《七七宪章》（Charte 77）的作者之一雅恩·帕托奇卡（Jan Patočka）就是这样为捷克斯洛伐克的人权发言的。这位布拉格的哲学家在其重要作品《柏拉图与欧洲》（Platon et l'Europe）中重提了柏拉图在《阿尔西比亚德斯》（Alcibiade）中的表述，指出"对心灵的关注"是欧洲文化的主要特征。我们看到，京特·安德斯也赞同这一"关注"，他在《过时的人》中对其研究对象给出了详细说明，作为副标题："第二次工业革命时代中的心灵问题"。帕托奇卡用"拥有对世界和生命之整体的知识"（1983，20）来定义人的心灵。这表现为：关注对世界的理解——与真相理念相关的世界；关注群体——与正义观念相关的群体；关注对灵魂的理解——与善相关的灵魂。这三个关注采取一种有机形式的普遍模式，使灵魂与世界协调。

我们承认康德的那三个问题：我们能知道什么、我们应该做什么，以及我们应该期望什么，而这些又反过来在人之问题中统一起来。沿着柏拉图和康德的谱系，帕托奇卡主张：

在一切领域中，都要有一个导向性的理念将存在引向科学知识的真相、政治行为的正义，以及道德生活的善。由此可知，被视为心灵之三重关注的文化有着建筑术上的一切必要性。如果说心灵实际上是使"事物呈现其然"的能力，那么事物就构成了一个能使知识和行动领域和谐相连的世界，所以，文化必须建立在一座圣殿的形象中，人在其中向他的神致以崇拜。崇拜和文化不仅在词源上有关系，这两个词表明它们都包含着对心灵和世界的相同关注。帕托奇卡提出这一表述，解释了心灵及其文化在建筑术上的统一："因此，对心灵的关注就是欧洲诞生的原因——我们可以毫不夸张地坚持这一论点"（1981，93）。

我们只需审视一下文艺复兴以来欧洲的作品，就会发现，人是一种"不断建设的行为"的对象。这个建筑术语包含双重含义。首先，它指在物质层面上修建圣殿或房屋的行为，即保护神或人安居的场所。这是建筑师及其领导的职能团体的职能。其次，在道德层面上，它意味着引导人们走向美德的行动。这是哲学家和艺术家的职责，他们的作品使人变得更好。法语词 édifier（建造、感化）来自拉丁语动词 aedificare，由名词 aedes（炉子、庙宇或房屋）引申而来，源于一个表示"火"的词根。起初，"建造"就是修建一个场所，在那里，人们生火，供奉庙宇中的诸神，或为房屋中的居住者提供庇护和温暖。"建设"使房屋地基的理念和保护居民的理念协调起来。罗马人随之提出建造世界（aedificare mundum），并通过制定民法而建造共和国（aedificare rempublicam）。

无论是以科学模式建造世界，以道德模式建造人，还是以法律模式建造公民，建造的行为都要将人的现实提升到一个理念的高度上，关于真相的理念、正义的理念或善的理念。这是因为人们在出生时孱弱无力，没有长辈的保护就无法存活；因为人类建造了庙宇、房屋、体制，通过一种面向全体的方式，建立了长存的作品，以确定其在存在中的定位。如汉娜·阿伦特反复重申的那样，这些作品将我们的生活铭刻进一个持久的世界中，使我们瞬息即逝的生活有了意义。如果我们不把自己整合进这张由语言、宗教、伦理、法律和科学意义构成的社会网络中，那么我们就无法生活，无论是在庙宇中、在房屋内，还是在地球上。建设绝非是在限制人的自由，而是使人与一个具有意义的世界相协调，若是缺失了建设的迫切要求，那我们也无法抵达人性。就如按照建筑师的规划，用一块块的石头构建房屋，我们也按照教育规定的次序，以一个个的特征构建人。这就是人性的理念，以或显或隐的方式，引导个人成为其然——人，而不是成为一个在大地上茫然自失的疯子，飘散到离所有恒星都很远的地方去。

　　我没有忘记那些哲学家对"建设"（édification）这个词在教化上的失控所表达的保留意见。黑格尔认为哲学不必以感化（édifiant）的姿态出现在公众视线中。人们更愿意采取道德家的姿态，而不是通过严肃、痛苦和辛苦的辩证法，来冒充良心。这就是假仁假义的"美丽心灵"，在黑格尔揭露的那种心灵鸡汤（1999，67）中沾沾自喜。然而，人自身的伦理建设、公民的政治建设，与道德操行上的装模作样完全是两回事，塔杜夫[1]就是这种装模作样的伪君子，绝非正直的人。建设的合法性在于理性，这是人类共同的分享。这种分享只有在这种假定情况下才有可能：世界由科学构建的法律来治理，然后才将这种模式应用到人类行为中。在《法哲学原理》（*Principes de la philosophie du droit*）中，黑格尔通过阐述伦理使命和人的政治功能，证明了理性建构论点的合理性。值得注意的是，他通过类比的方式，明确地运用了现代国家体现出来的建筑构架的形象。

　　实际上，理性看上去就像"一座形式精美的建筑"，自然也就是"道德元素本身，即国家的道德元素的丰富而清晰的表达，凭借对公众生活圈子和他们的正当理由的精确鉴别，凭借对竖立起来的每一根主柱、每一个尖形穹窿、每一面飞

1　塔杜（Tartuffe），莫里哀《伪君子》中的那个伪君子。——译注

扶壁的严格测量，道德合理性的建筑构架才使整体的和谐力量从各个部件中涌现出来"（1999，67）。

在这里，用大教堂的建筑结构模式来描绘一下理性的建筑术。强劲而修长的主柱在交叉穹隆处撑起拱顶，建筑地基撑起飞扶壁，补偿中堂的高度，而地基则深深扎根于大地。由此，大教堂才能让阳光透过彩绘玻璃窗照射进来，让其塔楼直上蓝天。我们应该认识到，普遍理性展现出来的样子也如一座建筑——不是由石头，而是由思想构成，使人能够栖居在一个合乎情理的世界中。对教堂和宗教有效的，对国家和政治、对一切人们生活的场所也都有效。我们要组织出一个有机的共同空间，无论是祈祷、思想、观念，还是音乐、舞蹈或是造型。同样，黑格尔在他的著作《哲学科学百科全书纲要》（*Encyclopédie des sciences philosophiques*）中将绝对精神的理论推到了顶峰。所有的人文知识，如其所示，都有一个在"循环中教授"的形式，一种"在其中—圆形—教授"（en-cyclo-pédie），于自身中封闭的体系。对世界的统一、科学的统一和人性的统一的假设，在理性的建设中达到顶峰。理性并非经验基础的积聚，而是像某些哥特大教堂的形象一样，经由建构而形成的构造，即使还未全部完成。

体系和建筑术

知识的一种建筑术形象受到一些神圣建筑结构的启发，这源自柏拉图的哲学。我们是从柏拉图那里，在他的对话录《政治家》（261c）中，第一次看到"关于建筑师的"（architektonikon）这个词的，柏拉图使用该词是为了区分王室的指挥功能和结构在建筑中的功能。建筑师其实只是要求他领导的石匠们按照他的图样修建房屋，他指挥的是一些没有生命的东西，即建筑的材料而已。相反，政治家却是在把他的王族学识用到服从其决策的活人身上。因此，法律的建筑比石头的建筑更高贵。亚里士多德后来也使用了"建筑师的"（architektonikê）一词，一方面是把它应用在指导一些从属科学的智慧上（*Métaphysique*，A，2，982b）；另一方面，就像柏拉图一样，把它应用在被定义为筹划城邦法律的科学——政治上（*Éthique à Nicomaque*，I，1094a）。

尽管柏拉图在其他文本中没有再提到建筑术，也没有建立任何系统，但他的对话录是根据一个与主题相关的复杂结构来撰写的。我只给出一个值得注意的说明。以爱之本质为主题的《会饮篇》，首先在五个开场人物和五个演讲者之间，随后在演讲者们内部，在向阿佛洛狄忒[1]致敬的众神宴会上，

---

1 阿佛洛狄忒（Aphrodite），希腊神话代表爱情、美丽与性爱的女神……也是司管人间一切情谊的女神。——译注

在向阿伽松[1]致敬的众人宴会上，展现了一场深妙的交往游戏。第二场宴会嵌套着第一场，两场都聚焦于两个没有被邀请的女人——可怜的裴尼亚和女祭司狄奥蒂梅[2]，并穿插着其他人物和故事的比喻和衬托。对话的结构就如庙宇建筑那样严整，尤其是在以狄奥蒂梅为中心、关于爱神的教导引出厄琉息斯秘仪（Mystères d'Éleusis）五个阶段中入教者的启示时。柏拉图可以合理地将爱定义为一种"sumbolon"，即一种曾经分离的元素的重新结合，因为《会饮篇》的各个不同部分、场所、人物和言论都是以特有的象征方式安排在一起的。

在中世纪和文艺复兴的全面概括中，这种对知识在理性上协调性的关注以一种——上帝的或理性的——建筑术的统一形式再次出现。在现代科学的黎明之际，笛卡尔为了阐明哲学的方法而不断使用建筑学的意象。当他在《第一沉思录》中宣告：必须"从基础完全重新开始"，才能"在科学中"建立"一些稳固而持久的东西"，他表现得就像个掌握了真

1　阿伽松（Agathon），雅典悲剧诗人。——译注

2　裴尼亚（Pénia）是贫穷和需求的化身。苏格拉底在《会饮篇》中讲述的故事里提到了她，他最初是从女祭司狄奥蒂梅那里听到裴尼亚的。裴尼亚出现在众神为庆祝阿佛洛狄忒的诞生举行的宴会上，并向神乞讨。她发现财富之神普鲁图斯（Plutus）因喝了过多的神酒而感冒了，便决定悄悄与他同眠，希望能借此改善自己的穷困处境。然而事与愿违，她怀上了儿子爱神（Eros），爱神与他正常的形象完全不同，反倒像他的母亲一样丑陋和粗野。但爱神又从父亲普鲁图斯那里继承了关于一切美丽事物的知识。
狄奥蒂梅（Diotime），古希腊祭司和哲学家，苏格拉底在《会饮篇》中提到，狄奥蒂梅是个先知，在他年轻的时候，她教了他"爱的哲学"。——译注

知的建筑师。在他的《谈谈方法》（*Discours de la Méthode*）中，方法的一个首要法则在于要认识到"那些由数个部分组成、由不同大师之手所创作的作品，不会比一个人做成的作品完美。因此，我们看到那些由单个建筑师负责并完成的建筑，比那些出于不同用途而建起的老墙、由许多人竭力修补出来的建筑，要更美、更有秩序"。

怀着对这个建筑学隐喻的信念，受到将普遍性视作典范的数学的鼓舞，笛卡尔提出用一种理性的方法来建立所有科学。当建筑被废弃和损毁时，如果建筑师需要推倒它们，这可能就是现代解构的前奏，但这不是为了在建筑的解体中认识建筑结构的终极性，从而去认识人之理性的终极性。恰恰相反，这是为了建立一种有体系的、可操作的科学，笛卡尔以建筑师的艺术为例：建筑师持着精确的图纸，在坚实的地基上建立起人们将要居住的建筑。我们将建筑师视为主持者，那完全是因为建筑学从来就是一种关于控制的活动。

我们在康德那里也找到了同样的关于控制的准则。在推行建筑术这一点上，他比笛卡尔更进一步：为了研究哲学，他将其视为系统的艺术，而不单单是方法的运用。在 1787 年《纯粹理性批判》（*Critique de la raison pure*）的前言中，他主张，如果说形而上学自其在希腊发源以来从未成为科学的真正系统，那是因为批判界没有完全引出"它所有的内在构造"。因此，我们必须向哲学准行一场革命，以追上现代几何学和物理学的进展。康德认识到他自己的《批判》更像是一种关于方法的专论，而不是完整的科学体系。不过，它可以通过其内部的建筑术来确立其走向，并确定其边界和有机构成。事实上，形而上学家们一直在聚合知识的材料，只不过是以一种狂想的，也就是七零八落的方式，因为他们虽然在跟随"一个潜伏在我们心中的理念的指引"，但迟疑不决。

于是，哲学成了一条思想路径，必须通向赋予它意义的理念。康德为了拯救形而上学和知识的统一性对理性做的批判，使"在更明亮的阳光中看到理念"成为可能。于是，哲学家能够"在理性终结处以建筑术的方式勾勒出一个整体"（1980，1386）。凭借对"所有人类知识的建筑术"的信念，《纯粹理性批判》以一种惊人的表述解释了康德对知识的统一关联的关切。为了建立这个持久的结构，哲学家可以使用那些过去已经收集到的材料，或是"从倒塌的旧建筑中提取出来的材料"。康德没有去建立科学系统的终极结构，而是以一幅朴实的草图——"一切源自纯粹理性之知识的建筑术"结束了他的谈话（1980，1386-1387）。

建筑术所带来的一切都使解构主义者对解构的悖论迷恋不已。我们能理解，第一个谈沦形而上学之毁灭的哲学家会显得像个中肯的建筑术分析家。事实上，是海德格尔在谈论舍林（Schelling）的课上质疑哲学的系统形式时，又回到了康德的建筑术上。他注意到"系统"一词在希腊文中为sustema，来自动词 sun-istemi，意为"我用……摆放"，也就是说，"系统"的意思是"我在一个统一的框架中将不同的元素组合起来"。海德格尔举了一个例子："宇宙"在希腊语中的定义是"天和地的系统"（sustema ex ouranoû kai gês）。我注意到海德格尔没有把这个表述和斯多葛派哲学联系起来，引用的时候还做了删节。关于宇宙，完整的表述是"天、地、众神和人们的系统"（sustema ex ouranoû kai gês kai theôn kai anthropôn）。这和柏拉图的一个表述遥相呼应，他将宇宙视为"天、地、众神和人们的共同体"（Gorgias，508a）。这一表述表明，希腊哲学对一种即便不是系统性的，也起码是建筑术的形式有所偏爱。因为，在现代意义中，"sustema"更多是指和谐或交响的紧密连接结构，而非一种抽象系统的构成。必须从音乐的意义上去理解希腊语中的"交响"（sumphonia）一词，是它唤起了互相匹配的元素所发出的谐音。海德格尔把这一表达翻译为"天和地的紧密连接"，以强调必须将世界设想为所有其然的连接。

　　他承认，一旦开始正视存有的问题，哲学就会有一种把所审视的元素连接起来的天然倾向。"系统是存有自身的紧密连接。"（1977，64）这意味着，在一个整体中连接的所有其然，都可以被理性以"上帝""世界"和"人"三种形式所认识。最完善的、根据几何次序构建的系统，显然是斯宾诺莎的系统：由 8 个定义和 7 个公理论证的 36 个命题，全部由关于上帝的第 11 命题产生。但比起这个成功的系统，海德格尔则更加心系于建筑术连接的理念。在重新审视后人作品（Opus posthumum）的最终反思中，他强调指出了那些康德没有取得成功的难点。如果理性系统的最高原则是以对象概念将上帝的概念、世界的概念统一，那么康德并没有成功地确立人的概念是如何获得这种统一的。海德格尔在这段话中引用了康德的一段记录，简述了完善的哲学将会成为的样子："超验哲学的系统，分成三个部分。上帝、世界、宇宙（universum）和自身，作为道德存有的人。上帝，世界和世界的居住者，世界中的人。上帝、世界和在它们相互间的真实关系中思考它们的思考者。"

海德格尔重新找到了康德关于理性的教诲：系统性在一个基础原则上关联知识。如果说理性自身就是系统性的，也就是说，能够以恰当的方式统一互相连接的元素，那么这要归功于理念导致的建构能力。这就是康德所称的纯粹理性的建筑术。因此，海德格尔提醒道："在建筑术中，根据支配建筑物的各种地基和原则，我们理解了地质构造学（tectonique），"框架""端接"和原初（1977，73）。什

么是构造学结构原则的原型呢？仍然是康德，在他的地理学
课程中，为这个问题带来了答案。实际上，我们可以在这份
文本中读到，知识的建筑系统是由引导它的理念所孕育的：
"在所有科学中都是一样的，科学为我们制造了一个联系，
比如，在百科全书中，整体是与集合一同出现的。理念是建
筑术的；它创造了科学。要建造一座房子，首先要建构关于
整体的理念，所有的部分都是在这之后派生的。我们此刻的
准备也同样是一个对于世界之认识的理念。实际上，我们缔
造的是一个建筑术的观念，这个观念认为：多样是从整体中
派生出来的（1999，§2）。

从建筑术到理念

为了阐明作为人类知识来源的理念之本性，康德向建筑
师借用了房屋结构的模本。在《理想国》中，柏拉图使用了
一个类比的意象来展示木匠如何打造木床。制作家具之前，
手艺人先在心里揣摩木床的理念，而不是桌子或椅子的理念。
然后，他才开始制作，把不同部分拼接到一起，从而获得最
终的成品。因此，知识的源头是理念，无论是木匠那样的手
艺人，还是数学家那样的科学工作者，因为理念指引着人的
行为和思想，使其最终实现。感性的实现——木床——越是
符合其心智的模本，结果就越令人满意。

　　我们可以看到，建筑术取决于理念化[1]，没有这种理念化，任何结构，无论是心智的还是物质的，都不可能实现。在《斐德罗篇》（*Phédre*）中，苏格拉底第一次提出一个"独一无二的理念"的假设，他的话和他朋友的话必须在这一点上趋同，才能在他们反思的主题上找到共识。正是这个高级决策机能（instance），以一种仲裁者的方式，使我们对自以为属于它的经验现实做出判断。无论一个人质疑的是美德、勇气还是善的本质，都必须遵从思想面对的普遍模本。就如同定音叉给出一个基本音，使音乐家能将自己的乐器与其他乐器协调起来，理念也给人最初的调性，将自己的言论与他人的言论协调起来。

　　当康德在《纯粹理性批判》中专注于理念的本质时，他追随着柏拉图的足迹。他认识到后者的勇气——从瞬息即逝的、无法整理成一个整体的表象中挺身而出，进入一个朝向道德终点之世界的"建筑术的联系"之中。在《关于教育学》（*Propos de pédagogie*）中，他以由公正法律统治的理想国为例，精确地将理念定义为"在经验中仍然缺失却完美的观念"（1986，1152）。所有文化的形式，他评论道，都是以一个理念为前提的，而在所有人的教育中，

1　理念化（idéalisation），即实现理念的行动。——译注

都是以人性的理念为前提的。正是这种理念的感召以其整体的显现引发了欧洲文化。理念支配着人之形成，也支配着公民的行为，它建立在人性之世界大同的统一性之上，而哲学家在寻找的，正是这种人性。他们寻找，因为心智的理念与感性的现实自相矛盾地分离了开来，它每时每刻都在成形，却无法在其中认出自己。

我希望以孟德斯鸠关于人类法律的组织为例，来对这个理念的建筑术做一个说明。我们知道，这位《论法之精神》（*L'Esprit des lois*）的作者要探索的，是能在立法晦涩的错综复杂之中理清头绪的原则。法律与大地之上所有人的习俗、惯例的目的相同，却出奇地复杂多变。孟德斯鸠写道，它们与这些事物有关：相关政府的性质和原则，该国的地理、土地和气候，人们的生活和宗教、习性、贸易和财富，与他们相适应的其他法律，以及立法者的目标，总之就是使他们立足之事物的秩序。法学家和公民一样，似乎迷失在了这个有千万条通道的迷宫中，而乍一眼看，这迷宫似乎还没有一个可以追溯的起点。然而，孟德斯鸠将赌注押在了法律理念的统一性和可理解性之上，就如他在书名中明确直白地将"精神"和"法"放在一起，使其差异互相对照。这使思考者能够将表面上的紊乱整理清楚，并矫正不相协调的立法结构组织。

按照孟德斯鸠的方法，一切都在《论法之精神》第一章的两个补充句之中。一句是"法律，在最广泛的意义上，来源于事物之本质的必然关系"。另一句是"法，一般而言，就是人之理性，因为它统治着大地上的所有民众"。作者似乎在这两者之间摇摆：法的统一概念——他将其视为普遍理性，以及法的多元概念——使法退到特定关系的一种无限性之中。这是第一个带有普遍主义感召的观念，由于一种属于自然主义建筑术的心智结构，它将会盛行开来。确实，如果第二句坚持强调法律所牵涉的多元性，那么这些关系就必然会从一个将它们确定下来的独特本质中被消减掉。孟德斯鸠给出了他方法的关键："我将检验所有这些关系：它们共同构成了我们称作法之精神的东西。"所以说，这种法之精神与作为所有法律之来源的最初本质混淆在了一起。如果它们的关系来自一个唯一的源头，那么必须回溯到这个将法之总体在一个唯一的网络中连接起来的"原始理性"。法律是一个普遍概念的多重显现，而普遍概念位于所有的存有之中，包括神性、物质宇宙、高于人的智能、动物的智能，当然，还有人的智能。

孟德斯鸠的原始理性是一种超越各种法律，先于人类智能的本质。因为，如果说人类制定了一些法律，那他们同样会发现那些他们并未制定的法律，以及那些自然的法律。

因此，我们可以假设，法律在人们发现现实之前就存在了，就像在数学家画出圆圈之前铅笔就存在一样。因此，孟德斯鸠要建立一个理想的立法建筑结构——并非基于柏拉图的理念，而是基于被视作宇宙创造者的上帝。正义和非正义之间的关系并非是在人们之间的随机相遇中确立的；它们是在普遍人性的法律基础上建立起来的，一直呈现在民族的多样性中。用作者本人的话来说，创造所有事物的本源有三个派生。神是法的作者，就如各种宗教所示，占据着这个原始理性的位置，而原始理性将其光芒散发到个别的立法之中。第一个派生是"被创造出来的人之天性"，这是所有人共享的本质。如果说真有一个普遍之人，从人之存有之普遍性的确切意义上来说，所有人在一定程度上都服从于同一种人性。无论我们谈论的是人的天性、人的本质，还是人的实体，都不重要。人之存有参与了一种独有的本体论现实，将他们与其他的存有区分开来，而其他存有同样遵守着它们的法则，而这些法则与人类的特有立法不相混淆。

第二个派生，使得被创造的人之天性（其本身来自创造者）能够被传递到自然的四个法则之中。在孟德斯鸠看来，这些不变的法律"只能源于我们存有的构成"：它是和平的法则，使人们能够逃脱暴力；是营养的法则，使人们能够满足自身需要；是繁殖的法则，使人们能够孕育新的生命；也是社交的法则，使人们能在社会中安宁生活。正是依靠这些决定着普遍人类状况的法则，最后一个派生才与这三个"实在法"——宗教法、道德法和政治法——的领域区分开来。权利只涉及管理所有人和所有公民之存在的实在法。这些实在法因立法者的不同而有所不同，但依靠的都是四项自然法则，使人们能够安宁生活、获得营养、繁殖和分享社会空间。有了这个独有原则的三个派生，我们的面前才有了一个复杂的建筑术的秩序，使法学家能够去鉴别对事物之呈现所做分析的水平，而若只是乍一眼看，呈现出来的将只是一堆东拉西扯的法条。

尽管孟德斯鸠没有给出他文本之中三元结构的钥匙，但我们还是认出了一个双向运动：从原始理性中派生，然后回到这个理性；这不免让人联想到普洛特努斯（Plotin）的迎神运动和皈依运动。当我们从一个派生逐步走向另一个派生时，就离理性的普遍性越来越远了，也越来越难以凭着宗教法、道德法和政治法这三种实在法来抵达人和民族的多样性。但是，如果这四种自然法通过提供三种实在法的模式来为人类未来的社交能力做准备，那么它们就仍然依附于另一种法则，它在第五个位置上介入，给予人们"一个创造者的理念"。当孟德斯鸠为了补偿他向实在法做出的降格而回升到上帝那里时，他将这一法则说成是"自然法之首，以其重要性而论"。那里的确存在着一种使人皈依本源的运动，它禁止自然法构成自治，而这种自治就是启蒙运动中的唯物主义所希望的——去顺从盲目的，制造出世界、生命和智慧存有的命运。

分析回溯的法之精神与人们面对的法律多样性之间的持续张力凸显了法之本质和人之天性的中心问题，这建立了《论法之精神》的建筑术。就如笛卡尔和康德一样，孟德斯鸠无疑也没能从一种调查方法转变到可以终结研究的知识系统。他仍然使用一种原始的、不变的、由创造者理性所引导的建筑术原则。我们在这里又一次看到了对理念的超越。

拱顶石和星星

文化采取了一种由理念指导的道德建设的形式，对于这一点，我们可以在遵循建筑结构模式的文艺复兴时代关于人的观念中找到佐证。关于这一主题的最古老的书是维特鲁威（Vitruve）的《建筑十书》（*De architectura de Vitruve*），写于公元前 1 世纪，1416 年被重新发现，它教导人们，建筑物部件的尺寸必须从属于主模件，它们的比例要与理想化人体的比例相似。如此建立的结构将拥有三个品质：坚固（firmitas）、实用（utilitas）以及优雅（venustas）。为了实现这一点，建筑师必须懂几何学，以便测量地形；懂算术，以便计算尺寸和开支；懂医学，为了空气和水的质量；懂光学，为了设计建筑物的朝向以获得更好的采光；懂历史，为了了解建筑的装饰；也不能忘了哲学、法学和占星术。受毕达哥拉斯传统的启发，维特鲁威还在所有这些科学中加上了音乐，因为建筑师必须在剧院中放置青铜花瓶，与四度、五度和八度的谐和音程共鸣，才能得到完美的音响效果。

　　建筑师将人体视作一切建筑的模型，并给出下列细节。面部，从下巴至发根，为身体的十分之一。这也是手腕褶皱处到中指末端的长度。至于头部，从下巴到头顶是身体的八分之一。在制定总体规则之前，维特鲁威还计算了脚、肘、胸以及身体其他部位的尺寸。这些是不变的比例，在庙宇的部件和宇宙中也能找到。如果考察躺着的人体，手脚张开，我们可以将圆规尖放在肚脐上，画出一个完美的圆。圆的边界将画过手指和脚趾的末端。身体可以被画在圆中，也可以画在正方形中，因为从脚到头的距离和双臂伸直平举时双手间的距离是一样的。莱昂纳多·达·芬奇在大约1490年他的《根据维特鲁威，对人体比例的研究》（*Étude des proportions du corps humain selon Vitruve*）中，展示了天圆地方之中的普遍之人（uomo universale）的形象。这幅画只用了角尺和圆规就明确地呈现了对人和世界的理性表达。

　　这幅画遵循着建筑的典范，提出了一个表现自然的理性模型。1435 年，阿尔贝蒂（Alberti）在他的《关于绘画》（*De picture*）中发明了透视规则，这条规则将主宰西方绘画，直到立体主义出现才分崩离析。阿尔贝蒂在画布上画出一个类似于开放窗户的四边形，将一个抽象的数学空间组织成绘画的视觉力量，明确表达了画面的主题，并将这幅画命名为"历史"。画家将人的高度分为三个部分，把这些测量值转移到四边形的下边线上，确定了他所说的"中心点"（punctum centricus）。他从这个"唯一的点"出发画直线，画进四边形底部的各个分区里，即所谓的画面。每条线都以透视的方式显示人和物体的大小是如何从一点变到无限大的。

世界的视学呈现来自中心点，而中心点又与人的形象紧密相关。绘画艺术既有宇宙意义，也有伦理意义，因为当观众看到它展现的人性的榜样时，心里会生出一种仁慈。阿尔贝蒂将绘画表现的观念写在了他的《关于建筑艺术》（*De re aedificatoria*）中，这本书展示了他建立在四度、五度和八度音程基础上的建筑和音乐理论。圣奥古斯丁早已提出建筑—空间艺术与音乐—时间艺术在寻求和谐之中的对应关系。在中世纪和文艺复兴时期，这种亲缘关系经常被强调。勒内·乌夫拉尔（René Ouvrard）于 1679 年撰写了一篇论文，题为"和谐建筑，或音乐与建筑之比例原则的应用"（"L'Architecture harmonique ou l'Application de la doctrine des proportions de la musique à l'architecture"）。他意在表明，在柏拉图的传统中，维特鲁威书中的比例回到了音乐关系之中。这个想法激励了大批理论家，包括歌德，他说："建筑是凝固的音乐"，而克塞纳基斯（Xenakis）把这句话反过来说："音乐是流动的建筑。"

建筑艺术中最具启发性的一个例子是 1436 年 3 月 25 日圣玛丽亚·德尔菲奥雷大教堂八角形圆顶的祝圣仪式。该建筑是由建筑家、画家和雕塑家菲利波·布鲁内莱斯基（Filippo Brunelleschi）按照罗马万神殿的样式在佛罗伦萨建造的。教皇委托弗拉芒作曲家纪尧姆·迪费（Guillaume Dufay）创作了四声部经文歌《玫瑰花刚刚开放》（*Nuper Rosarum Flores*），四个声部根据 "6 ∶ 4 ∶ 2 ∶ 3" 的节奏模式编排，遵照大教堂四个部分的比例关系——中殿的长度为 6，横梁的宽度为 4，尖顶的尺寸为 2，圆顶的高度为 3。观众沉浸在建筑与音乐、文字与礼拜仪式间的对应关系中，经文歌的光荣之音从大教堂的底部、中殿、耳堂和后殿中升起，赞美主的荣耀，追随着主升上圆顶。

在绘画、雕塑、音乐、文学，尤其是在哲学领域中，哥特式大教堂的建筑往往被更普遍地视作一切建筑术的模本。在建筑和音乐上，这是一种相似的宗教关怀，它支配了君士坦丁堡圣索菲亚教堂中殿的五角形几何学，以及威尼斯圣马可大教堂五个圆顶的顺序，两者都对应着弥撒的五个部分：垂怜经（*Kyrie*）、光荣颂（*Gloria*）、信经（*Credo*）、圣三颂（*Sanctus*）和羔羊颂（*Agnus Dei*）。类似的情况也发生在斯特拉文斯基谱写的《致圣人马可之名的颂歌》（*Canticum Sacrum ad Honorem Sancti Marci Nominis*）中，其中五个乐章分别与圣马可大教堂的五个圆顶相对应。

要解释这个建筑结构隐喻，我会说，理念在知识结构中所扮演的角色正是建造大教堂的钥匙。若没有这最后一块拱石放置于拱顶的顶部，拱壁和立柱的推力便无法互相抵消，就会削弱建筑的稳定性，使其面临倒塌的危险。可以用另一个比喻，将理念比作星星，星光在夜中为航海家导航。被视作存在之导向的理念之星，常为柏拉图之后的哲学家们津津乐道。康德便是这样呼唤着北极星，证明违背人类思想的愿望是正确的，吐露着景仰和崇敬之情："位我上者，灿烂星空；道德律令，在我心中"，出于一种行动和沉思之间的普遍的联系。天空是灵魂的镜子，灵魂是天空的倒影——在康德称为一种存在的意识之中，这存在是一种具有思想意识的存在。

黑格尔在柏林的就职演讲中，用同样的话向忠于他的目的的精神致敬："只有一颗星在闪耀，精神的内在之星；因为它是北极星。但是，如果孤单独处的精神被某种恐惧的冷颤攫摄住，那也是正常的：我们还不知道我们来自何方，在向着何处前行。"尼采，我在导言中提到过，在星宿中找到了创造的源泉。查拉图斯特拉，这个教导着大地意义的人，问那个"灵魂渴求星宿"的弟子他是否是一股新的力量，然后向他提出了这个棘手的问题："你能让星星围着你转吗？"弗兰克·罗森茨魏希（Frank Rosenzweig）则在《救赎之星》（*L'Étoile de la rédemption*）中看到了两个重叠的三角形。它们形成的星宿将创造、启示和救赎的三角形与人、世界和上帝的三角形连接在一起。最后，海德格尔在《思的经验》（*L'Expérience de la pensée*）中展示了思想的准确性对应着一条唯一路径的召唤："向着一颗星前进，别无其他。"（1996，21）

确实，对于寻求思想路径之意义的哲学家来说，别无其他。然而，我们生活在末人的时代，他用一个默契的眼神取代了星光。另一位来自布拉格的哲学家卡雷尔·科希克（Karel Kosik）强调，曾给欧洲文化带来启发的建筑术理念已经衰落。在《建筑方法的胜利》（"Victoire de la méthode sur l'architectonique"）这篇于 1993 年《现代危机》（*La Crise des temps modernes*）上重刊的文章中，科希克注意到建筑术的秩序比建筑结构的艺术更具原创性，因为对思想和现实的陈述要先于建造庙宇和建筑物的艺术。通过研究过去的城市是如何让位给没有灵魂的城区的，科希克证明了，在笛卡尔之后，科学的方法正在取代建筑术的艺术。与建筑结构的人相比，使用方法的人在所有的经验领域都大获全胜，以至于"现代的本质就是方法对建筑术的胜利"（2003，174）。

科希克在巴黎发表的一份类似的报告《世界城市和建筑》（"La ville et l'architectonique du monde"）中坚持认为，城市建筑术的丧失正是思想中建筑术之丧失的再现。当对风景、城市和人的破坏已成常规，建筑术，作为差异和层次、本质和次要的思想，也趋于消失。"建筑术是现实的一种表达和节奏，是在工作和闲暇之间、战争和和平之间、必要而有用的活动和崇高而美好的活动之间，对生活的一种安排。"（1994，291）我们应该认识到，人需要一个与其周边有所不同的中心，一个能放飞其重负的自习室，以及一个与整体相连的存在的布局。现代正在放弃创造空间与思想形式的和谐衔接，致力于"否定建筑术"。我们只能瞪大了眼睛看着，灵魂和世界随着人类的毁灭而彻底荒芜。科希克在另一篇发表在《现代危机》上的文章《第三个慕尼黑？》（"Un troisième Munich?"）中总结了他对这些话的反思："这令人消沉的荒芜散布着空虚，一种卑躬屈膝、潜入人类的空虚。人的灵魂正遭受着一种泛滥的空虚。"（2003，114）大教堂的时代已经过去，建筑的时代——就如雨果在《巴黎圣母院》中说的："彻底的艺术，至高的艺术，暴君的艺术"业已期满。解构的时代已经到来。

2
语言的崩塌

　　法国人的思想在 20 世纪下半叶为空虚所着迷。我们可以在马拉美（Mallarmé）的"白色守卫着的空洞纸张"上看到大片的文学刺绣。我们还可以和这位写下《海之微风》（*Brise marine*）的诗人一起看到一种逃亡，逃向"迷失的船骸，没有桅杆，没有桅杆，也没有富饶的小岛"。因为许多思想家已经屈服于他们对存有、语言和人的船骸的迷恋——遇难的船骸使航海家无法登上乐土。被美国的大学形容为"法国理论"的解构主义阵容已经迫近，尽管他们来自不同的背景：莫里斯·布朗肖（Maurice Blanchot）、乔治·巴塔耶（Georges Bataille）、皮埃尔·克罗索斯基（Pierre Klossowski）、让-弗朗索瓦·利奥塔、米歇尔·福柯、吉尔·德勒兹、雅克·德里达、让-吕克·南希（Jean-Luc Nancy）和菲力浦·拉古-拉巴特（Philippe Lacoue-Labarthe），还有一些要视情况而定的盟友，如路易·阿尔都塞、罗兰·巴特（Roland Barthes）或雅克·拉康。

　　这些人都怀着一个相同的目的，他们的信徒对此也都敬而从之，那就是在文学、哲学和宗教中终结赋予意义首要地位的原型叙事。利奥塔用定义后现代状况的大叙事或元叙事之终结来表达的，是承认理性主体的消失及其在历史中的解放。这种枯竭标志着，语言结构为了让一种无计可施的言论放任自流而发生了崩溃。世界已无导向，船只也因不再循着任何航线而不知船头的方向了。现在，在人类历史的前进中，指南针和罗盘都没有用武之地了。我们也不再需要相信起源、终点和中心的存在了，而这中心是可以用作思想的支点的。

解构的悲剧在语言的舞台上有四幕戏。在第一幕中，人们跟着莫里斯·布朗肖一起庆祝写作的中性化。在把角色引向一种秘密企图的文学中寻找意义是徒劳的。写作被比拟为一种否定的过程，用布朗肖在《文学空间》（*L'Espace littéraire*）中的话说，这个过程使那些在其中冒险的人获得了"不在场的中性"：作者不再是他自己，而读者也只能跟着他走这条非个人的道路。在第二幕中，存在的中性化导致了具有抑制作用的模本的毁灭，使拟像大行其道。吉尔·德勒兹正是一位这样的魔术大师——从文学来到哲学，这种魔术要废除表象世界，将其等同于柏拉图主义。更激进的是，播撒（dissémination）意义的行动，词语随即被打乱，成为伪概念，这使雅克·德里达在第三幕中以他的三件套：逻各斯中心主义、欧洲中心主义和（我在上文提过的）阳具中心主义，解构了话语的秩序。作为思想之中心和起源的存有，其结构正在遭受彻底的拆解。所有解构主义者都将在最后一幕中团聚，并掀起面纱，露出其真正的关切。他们要终结那颗指挥着建设性理性的星星，为灾难的衰竭腾出地方来。我们避不开布朗肖在《灾异的书写》（*L'Écriture du désastre*）最后几行中的那句短短的话，他用"灾难"一词代替了"太阳"："发光的孤独，蓝天的空洞，延迟的死亡：灾难"（1980，220）。

写作的中性化

在进入哲学模式之前，解构主义已经有了一套文学理论。哲学家们放弃了风格优雅的论证要求，却取道于作家之路。解构主义者们学起莫里斯·布朗肖——他不认为自己是哲学家，在写给克劳德·列维－斯特劳斯的信中，说自己"对哲学的厌恶，是爱它和忠实于它的最好方式"（1971，89）。我们可以看出，解构主义的逃避策略就是提出一项命题，然而只是为了取消它，并且不给出理由。为什么对哲学又爱又厌恶？为什么要以情绪性的方式供认这么一种厌恶，而不是以理智的方式去建立一种批判？这句话唯一的合理性只在于它音量大，以及矛盾修饰法给人带来的冲击。无论这种厌恶是不是真的，小说家布朗肖的确被视作解构主义哲学的发起人。布朗肖自己则学着马拉美和他的论断："这疯狂的写作游戏。"如今，对尼采的疯子来说，把玩其命运的，与其说是上帝之死，倒不如说是对写作的清算。

我不太确定"疯狂"（insensé）这个词是否应该被理解成这个意思。马拉美是在 1870 年会见维利耶·德·利尔－阿达姆（Villiers de l'Isle-Adam）时大胆使用这个表述的。谈到这位《残酷故事》（Contes cruels）的作者时，马拉美思忖着"什么是写作"，并加上了：这项活动的意义在于"心中的神秘"。这里没有提到浪漫主义写作中意义的消失，更不要说是哲学中的了。如果写作对于马拉美来说是一个疯狂的游戏，那是因为当作家的"一滴墨水"与上帝的"崇高之夜"较劲之时，写作是诗意地对"局部神性的映照"。总之，马拉美绝不是要解构维利耶的作品，他是要"展示那个虽有堆砌但比例无懈可击的建筑结构"，就如从他自己的"优秀组织"中产生的一样。

然而，解构主义者们一直孜孜不倦地为一份既愚蠢又灾难、儿戏一般的文本做注解。当然，"灾难"这个词在被布朗肖接管之前，是属于马拉美的。这位法国诗人在创作诗歌《埃德加·坡之墓》时，从美国诗人埃德加·爱伦·坡的墓碑上看到"从晦涩的灾难中落到人间的一小块宁静"。但这首十四行诗中最明显的意义是诗人于人群之中最神圣的使命。他的责任是"赋予部族之词更纯净的意义"，而不是让词语瓦解成只供私人聆听的话。为了完成这种语言的净化，诗人参考了用于雕刻爱伦·坡令人目眩的墓碑浮雕的理念。
于此，我们正处于解构主义写作和对荒芜之悼词的反面。

　　让我们越过马拉美。我们会在福楼拜那里看到第一位试
图将写作基于"没有叙述"之上的小说家。1852 年 1 月 16 日，
在写给路易丝·科莱（Louise Colet）的信中，福楼拜想象着
要写"一本关于'无'的书，一本和外界无牵无扯的书，由
其风格的内在力量而成立，就像一块无物支撑而自立于空中
的土地，一本几乎没有主题，或至少主题几乎不可见的书"。
这不是写书的程序，更不是写小说的程序，而且，也不是说
没有主题，作品就一定不能存在。福楼拜在同一封信中还提
到"最美的作品"，因为其题材稀有而卓尔不群。如果风格
的内在力量确实存在，那是由于小说家整理出了一个结构，
在作品中建立了一个不依赖创造者的世界。马拉美也怀着同
样的直觉：他在《韵文的危机》（*Crise de vers*）中将自己所
称的"纯粹作品"定义为"表达的隐遁"，因为诗人将主动
权交给了词语。

　　莫里斯·布朗肖的文学理论按四个极点展开：夜晚、外
部、中性和灾难；不是为了给读者指路，而是为了使其迷失
方向。失败的升级和死亡的进程是连续的。作为作家，布朗
肖在其策略中将人类经验设想成无法弥补的、非人格的力量，
他在《失足》（*Fau pas*）中将此称作"夜晚"。作品的呈现

一下就摧毁了作者言说事物的自由。"必须将'没有什么要表达'以最简单的意思来理解。无论作家想表达的是什么，那都是'无'。世界、事物、知识都只是通向'无'之路上的方位标识罢了。而他自己也在缩减为'无'。'无'就是他的题材。他抵制那些向他呈现的、好像是某种事物的形式"（1943，4ᵉ de couverture）。在梦想写一本关于"无"的书之后，福楼拜仍然写了《包法利夫人》《萨朗波》和《情感教育》，这些作品并没有缩减到解构之"无"，只是与其互为一体。与之相反，布朗肖没能驱除折磨他的虚无，而他将此归因于夜晚。这种晦涩的黑暗不同于马拉美的"崇高之夜"，它不为任何晨曦所追随。它被视作"外部"畸形的不安，"外部"挖掘着"内部"，汲取着主体。这就是列维纳斯为了从中摆脱而称作的"有"（il y a）的夜间簌簌之声的非人格性。对布朗肖来说，在夜晚——而非白天，有一个摧毁一切事物的"无"，阻止每个人与他人、与自己接触。夜晚的这种烦扰先于人对梦魇的恐慌，使作家完全不能回到自身，不能逃离把自己吸入虚无的"外部"。

"由于文字上的相似，'中性'（Neutre）和'夜'（Nuit）相亲相近。"（1973，104）布朗肖在《不逾之步》（*Le Pas au-delà*）中这样写道。也许我们必须辩驳，是"夜晚"，作为世界失明的根源，带来了"中性"。布朗肖凭借语法在中性中寻找一种东西，并非第一人称、自称"我"的那种东西，也不是第二人称、称作"你"的那种东西。而是第三种情况，"他"或"那个"，这有可能是指一个人、一个东西、一件事情，或更甚者，一种"不在"。"中性"就是在"我"和"你"之间展开的空白，它既不是"我"也不是"你"；与逻辑运算不同，这个双重否定并不构成一种肯定。在绝大多数的情况下，"中性"用"既不是……也不是……"的双重动作，抹掉了事物之间的差异，使对立面融化消失。在《洛特雷阿蒙和萨德》（"Lautréamont et Sade"）一文中，布朗肖从人的主权中辨别出一种"否定的超越性力量，这种力量完全不依赖于它所摧毁的物体，而且，为了摧毁它们，这力量甚至不会预先假定它们之前的存在，因为在摧毁它们的那一刻，这力量一直、已经、早已认为它们是无效的"（1949，36）。我们无法说出这难以捉摸的中性化到底是什么，因为它处于语言和存有的双重遗忘之中。要描画出双重否定的操作，表明"中性"否认同一和整体、起源和终结，同时又不让写作建立具有意义的作品，这几乎是不可能的。

最让人吃惊的是，解构主义者在颂扬"中性"这个概念时，竟然没有对它下定义。它有着语言的魔法，如咒语一般，仿佛这个实体——"夜晚"的新"女王"，可以摧毁所有联结世界、语言和人类的纽带。只要仗着"中性"，就足以让比赛对手瞬间消失了，即便"中性"回避着概念化，就如布朗肖在《无尽的谈话》（*L'Entretien infini*）的最终说明中所说的，它是透明和不透明，肯定和否定，差异和冷漠，积极和消极。"中性"从概念的掌握和论证的逻辑中逃了出来，然而这并不重要。重要的是，作为唯一不能被中性化的现实，它用这样的办法破坏了写作："质疑一切，首先是'上帝''自我''主体'的理念，然后是'真理'和'一'的理念，接着是关于'书'和'作品'的理念，以至于这种写作……远非以拥有'书'为目的，其意图反倒是：可以在言论之外、在语言之外谈论的写作"（1969，VII）。"中性"的这种诱惑会吸引那些研究无意义写作的理论家，首先便是罗兰·巴特在法兰西学院开设的以"中性"为主题的课程。巴特颂扬"中性的闪闪发光"，以不断的退避，"挫败了范式"或"意义的范式结构"，也就是理念的模本。我们在这里又看到了各种解构主义的共同特征：废除理念的优先地位，然而，在马拉美那里，这是至高无上的。

因此，"中性"有着致命的作用，而这种作用最终会带来灾难。在 1973 年的《不逾之步》和 1980 年他的遗作《灾异的书写》中，布朗肖在写作碎片的爆发中穷尽了写作的力量。世界在这种写作中分崩离析，并失去了与意义之间的联系，使词语的空洞感倍增。"中性"为一种业已消逝的语言和人谱写了一首"安魂曲"，这个人因为创造不出作品而选择了死亡。我们在《灾异的书写》中读到忏悔："写作，不再是把永远已经发生的死亡放入未来，而是同意去经受它，不将其交给当下，也不将当下交给它，知道它曾发生，虽然这无法检验，在它留下的遗忘中认出它来，它消失的痕迹要求被排除在宇宙秩序之外，而在宇宙秩序之中，灾难使现实变得不现实，使渴望变得不被渴望。"（1980，108-109）"中性"的运用完结了事物的秩序，完结了现实的可能性和渴望的快乐。现实一点点消失，就像柴郡猫一样，只在空中留下一团毫无喜悦的笑容。

玛琳娜·萨哈德（Marlène Zarader）在她对布朗肖思想的介绍《存有和中性》（*L'Être et le Neutre*）中认为："写作的灾难不只是迎接中性。它是在作品中附加无休无止的懒散，败坏并解散了一切星宿的秩序：光芒、形状、意义、整体。"（2000，275）在阅读布朗肖之前，我们已经知道了尼采的预言：我们正在进入一个时代，在其中，人不再能使星宿问世。

对模本的拟仿

在《外边思维》（*La Pensée du dehors*）中，米歇尔·福柯赞扬了《无尽的谈话》的作者莫里斯·布朗肖为哲学带来了具有颠覆意义的中性化观念。他同时强调了小说情节的解构性力量，为一个非人格的外部所吸收，以不屈服于任何事物来否定自我："因此，总是从自身出现的反思的耐心，与在虚空中展开各种形式从而抵消自身的虚构交错缠绕，形成了一种言论——没有结论，没有形象，没有真理或戏剧，没有证据，没有面具，也没有肯定，没有任何中心，不受故乡的束缚，由其自身的空间构成，就像它那位于外部，又与之对话的外部。"（2001，I，552-553）

这种美学选择否认故事在与作者隔绝之后随时间的推移和舞台的丧失而被抹去的可能性，尽管它产生了影响，但布朗肖的思想并未成功地撼动哲学大厦。这需要更激进的策略，通过一套与概念的解构相配合的形象来起作用。无意义的写作游戏让位给无意义的解构游戏。吉尔·德勒兹正是一位这样的意义"解筑师"，他写了《差异与重复》（*Différence et répétition*）和《意义的逻辑》（*Logique du sens*），还与菲利克斯·加塔利（Felix Guattari）合著了《反俄狄浦斯》（*L'Anti-Œdipe*）和《千高原》（*Mille plateaux*）。在他看来，戏剧并不是在世界中缺席的剧院里上演的，借用福柯的意象来说，它位于柏拉图洞穴的底部。我们其实无法理解德勒兹在哲学、精神分析或电影学中的思想，如果我们不把它重新引向与柏拉图主义无休无止的斗争之中。在《智者篇》（*Le Sophiste*）中，柏拉图描述了巨人们关于存有的、以唯心主义反对唯物主义的斗争。对于德勒兹来说，这场斗争并不那么神话，却更抽象：他用长期以来被压制在哲学洞穴底部的拟像，来对抗声称将创造之威力赋予拟像的理念。

德勒兹的反柏拉图主义开始于对柏拉图的模仿，他借用了后者的词汇：理念（idée）、模本（modèle）、复本（copie）、肖像（icône）、偶像（idole）、拟像（simulacre）及幻象（fantasme）。他还窃取了柏拉图的方法，恰如其分地称之为竞争和觊觎者的辩证法。其实，对于柏拉图及其后人，哲学的基本问题就是：该由谁来统治？传统的答案一直是：真实（le vrai）。因此，语言的所有努力都在于对三种声称掌握真理的人物进行检验：哲学家、政治家和诡辩家。德勒兹的辩证法却基于另一种柏拉图三部曲之上——这次为了展现虚假（le faux），颠倒了过来：模本、复本和拟像。《覆柏拉图主义》（"Renverser le platonisme"）最初发表于1967年，《意义的逻辑》也收录了这篇文章，题为"柏拉图和拟像"（"Platon et le simulacre"）。德勒兹的所有成果其实都写在这篇短文中，这篇短文可以说就是他自己版本的《谈谈方法》[1]。这个方法是德勒兹从尼采那里借来的，用来颠覆柏拉图主义。的确，文本一上来就确认了这种颠覆，首先取消本

---

1 《谈谈方法》（*Discours de la méthode*），笛卡尔的一部代表作，被公认为近代哲学的宣言书，树起了理性主义认识论的大旗。——译注

质和表象的二元性，最终实现了"一切毁灭中最单纯的，即柏拉图主义的（毁灭）"（1969，361）。

要摧毁柏拉图的大厦，就要摧毁哲学的三重结构。这结构在《理想国》和《智者篇》中划分了等级：作为至高模本的理念、复制高层原型的肖像－复本，以及最低级的复本之复本，分别被称为偶像、幻象及拟像。思想的三种运作的等级：建模、再现和拟仿。德勒兹将这种柏拉图三段式解读成从基础开始逐渐降级，直至已不再具有理念之光辉的、最衰弱的复本。一切都在从第二级到第三级的转换时上演，此时理念的复本，也就是首次复制理念的复本，被其他已经摒弃了与模本之初始关系的复本所复制。所产生的"像"（image）随之分裂成肖像－复本——忠实的再现，以及偶像－复本——无法上升到理念高度的拟仿。柏拉图主义就在于建立这三个层次的等级，通过抑制拟像来维护它们，用柏拉图洞穴的形象来说，将拟像"锁"在洞底，禁止它上升到表面。然而，德勒兹正是要为这个表面——用哲学术语来说，就是这个内在的平面——平反，他通过推翻受到其超验性保护的理念模本来恢复它。

由此，《意义的逻辑》探索了 34 个系列的悖论，因为真相的界限已被废除，这些悖论都成了幌子。从第一个系列开始，德勒兹就揭示了他颠覆的原则："纯净的发展，无限制，就是拟像的材料，因为它避开了理念的行动，因为它同时对模本和复本发起质疑。"（1969，9）为了实现这个质疑并使理念和肖像丧失地位，作者在第五和第六系列中使用了一个中心悖论，所有其他悖论均由此派生。这个悖论是关于语言的无限倒退和增生（1969，42、52）。他回到布朗肖的中性，对肯定和否定在意义上的无差别做出肯定。无论何时，意义都不可能建立在语言之中，因为真相的理念和其肖像复本已被一种不可能固定在源头之中的倒退所吞噬了。写作被分散到一系列的悖论系列中，而悖论毁灭了一切回到附着点的希望。意义已变得荒谬，或者说，模本已变成拟像。柏拉图哲学，传统形而上学的母体，将"意义"表达为"原则、储备、保留、源头"（1969，98）。这只有靠拟像来拟仿它，从其内部毁灭它。在这脱离了模本而自我复制的幻象之流中，言论的主体不再是人或上帝，而是一个无名的怪诞，流失于其他无名的、游荡的、非人格的怪诞之中。

颠覆柏拉图主义最终意味着什么？意味着拒绝意义的一切等级和抛弃最初的本原——"理念"或"模本"，这本可将真相赋予人的言论。"拟像不是一个降了级的复本"，德勒兹告诫道，"它蕴藏着一种积极的力量，既否定了原本和复本，又否定了模本和再造（la reproduction）。"（1969，357）从表面上看，拟像挣脱了束缚，升到表面，形成了"虚假（幻象）的力量"，并引起了"崩溃"，更准确地说，是所有深度和所有高度的"崩溃"，而深度和高度则要在语言中强加一种结构。德勒兹可以为这些模本和复本的毁灭而高兴，因为这毁灭引来了一种摧毁既定秩序的混乱，使幻象得以升起。我们必须理解这种破坏意义的作用，既然它是幻觉的，那就不会更为真实。不仅是作为哲学言论之模本的柏拉图主义被废除了，语言也被摧毁了，除此之外，还包括所有建筑术的形式。

我们可以从德勒兹对皮埃尔·克罗索斯基文学作品的评论方式中看到这一点，他独自搞起了他所谓的"反基督修会"（l'ordre de l'antéchrist）。他跟着作者在其中看到"上帝之死、世界的毁灭、人的解体、身体的分解"（1969，394）。他不断抬高尼采文本中的上帝之死，把上帝之死比作"自我"的解体，将反基督的系统等同于拟像的胜利——拟像涌到语言的表面，没有人能吸干这无止境的喷涌。关于主体之消失最惊人的表达出现在《差异与重复》中，他在其中抑扬顿挫地反复吟唱着主旋律悲歌："我裂了开来，我的自我解体了。"（1968，332）

德勒兹后来的文本，从他和菲利克斯·加塔利开始合作研究精神分析，到两本关于电影的书（我将在第四章回到这一点上），一直在赞美一种拟像主题变化的无穷性。这是那个疯子的特权形象，在内在平面上，用隐蔽的逃逸线取消了对超越的追求。我们可以看到，德勒兹在反对建立意义的同时，常常被从表面升起的一切所缠住。《意义的逻辑》在一开始就摆出一系列的悖论，"如同在一个纯粹的表面上那样"互相反射（1969，5）；这个冰冻的表面阻止我们跟着爱丽丝穿过镜子。其他形象都是编织和动物寓言。为了展示意义仅发生在事物表面，德勒兹参照了犬儒主义和斯多葛派所使用的帷幕、地毯或大衣。如果人们拉开帷幕，他们什么也看不见，而如果人们拍打地毯，打出的只是一片灰尘；若拍打犬儒学派代表人物第欧根尼（Diogenès）的斗篷，只会看到啃蚀斗篷的寄生虫。其实，德勒兹不再将哲学家视作柏拉图的飞鸟，而是"表面上平庸的动物、跳蚤、虱子"，只为了号召一种直接等同于"倒错"的表皮（épidermique）生活（1969，179）。

这种所谓的语言倒错出现在1979年出版的《块茎论》（Rhizome）中，于次年被引入《千高原》。对超越的拒绝被形容为欧洲特有的疾病，它太暴力了，因此，为了唤起语言的诞生，德勒兹和加塔利拒绝使用垂直根来做比喻，而是用了水平根状茎。两位作者增加了大量混乱的形象：鼠包、嘎嘎草、鳞茎、块茎和杂草，通过这些形象，破碎的树枝在内在平面上相互连接和断开。在书中，在人或事物中，不再有深度和高度，只有难以分辨的分割线，表面的茎干或互联的高原，继而又断开，没有任何天际来照亮一个荒芜的世界。

被取消的统一，书，《块茎论》或《千高原》，可以被归并为一个"机械的安排"，就像布朗肖说的那样，只"在外部"存在，没有内容，没有意义："人们从不会问书意味着什么，是所指还是能指，人们从不在书中寻求任何理解"（1979，10-11）。除了根之书或侧根之书，更有一本块茎之书，由大量的字面多重性构成，无法测探，因为字面多重性不存在统一性。哲学和科学的树系已经死亡，就像中心和起源、家系和生育已死一样。除了意义的终结，表面的内在性也意味着与生殖相连的性的终结，因为不再有任何本原、种子或来源产生一个忠实于模本的复本，无论是对一个人、一段话，还是对一部作品来说都是如此。

意义的播撒

我们可以进一步废除思想的建筑结构，在对拟像的颠覆之上把言论的毁灭强加于语言。德勒兹看到现代思想源于再现的破产，被废除的模本只在镜面上留下转瞬即逝的痕迹。德里达则表现得更为直率，他打碎了镜子，并将其碎片抛撒四方。他被视作解构主义的大师，他的论点为符号学、性学、女性主义、性别研究和文化研究等领域中的学术、文学和政治思辨提供了养分。即便他不是解构主义中独一无二的，但用音乐术语来说，他也是一场为了"一个遥远的、失踪的、几乎已逝的世界"而举办的音乐会中最大胆的编曲家、指挥家和独奏家。用波德莱尔的诗也无法唤醒的一个意义的世界，因为经典言论中的词被播撒、消耗、摧毁了，它们只存在于它们自己的解体之中。

如果说德勒兹的关键词是"拟像"——作为语言生产的结果，那么德里达的关键词就是"播撒"——作为言论解构的进程。结果依然是词的显现，依然在呈现事物，而进程却是对事物的背弃，使词消失。基本上，德勒兹一直在依靠概念，因为对他和加塔利来说，"哲学就是形成、发明、制造概念的艺术"（1991，8）。对德里达来说却正相反，解构是变形、拆开、废除概念的艺术，概念被降至他称作伪概念的状态。比起德勒兹，对德里达来说，原始场景更是柏拉图洞穴中的那样。在他的长文《播撒》（*La Dissémination*）中，德里达想象了柏拉图的洞穴，不再是被德勒兹颠覆的样子，而是隔绝在镜盒中，在镜面上反射着"暗影、倒影、幻影，等等"（*Dissémination*，1972，360）。镜子不再在洞穴中，不再以屏幕的形式复制外部现实；洞穴被困在镜子里，无法出去，因为镜子已沦为它们的反光。世界与其包含的一切只是写作的幻影，就如镜子本身。有了这个镜子的意象，德里达对赋予西方理性控制的存有意义提出了疑问，并在丧失了来源、意义和终结的文本中播撒着逻各斯的各式形象。

同一时期发表在《原样》（*Tel Quel*）上的另一篇文章《柏拉图的药房》（"La pharmacie de Platon"），后被收入《播撒》，颠覆了柏拉图关于话语和写作的关系。柏拉图在《斐德罗篇》中对写作提出了质疑：所写（graphé）——将世界的不在场和作者的不在场联系在一起，并使其服从话语——所说（phoné），把世界的在场授予说话者的在场。相反，为了使所写，即死去的写作发生，德里达逆向播撒了逻各斯——话语的活着的父亲。他在逻各斯中定义了四种超验权力的形象：国王、父亲、太阳和资本，并摧毁了他称作"王—父—日—神学"的权威（*Dissémination*，1972，154）。柏拉图看到在写作中有一道不育的伤痕：作者不在场，无法回答读者的问题，而话语却与之相反：说话者在场，总能对聆听者给予答辩。通过曲解柏拉图的文本，德里达支持写作的不育而反对话语的多产，支持意义的播撒而反对种子的生殖。他从柏拉图那里借用了弑父写作的形象，因其取代了父亲的在场，并将其视作死刑，将各种父亲的形象置于死地。

有了这么一套曲解意义的意象，写作的状态便成了"善—父—财—日（bien-père-capital-soleil）的消失"（*Dissémination*，1972，194）。播撒，或者说斩首，不再被看作因回忆起理念而开始的生活的重复，而是被看成死亡之重复，掀起了——
就如德勒兹所言——偶像、幻象和拟像的激增。一种由其陈
述的一切所构成的写作，在将解构运用到对自身的解构时，
使语言解体。德里达因此决定创造一种在推论过程中逐步展
开的言论，或开辟一种在书写过程中逐步展开的写作，因为
一切朝向初始或最终意义的方向都被否定了。从《书写与差
异》中的几番初始试验开始，作者就不畏矛盾地标榜起他自
己所发表之意见的解体："如此一来，言论的毁灭就不是抹
除（effacement）的一种简单中性化。毁灭使词增生，让它们
互相撞击，还把它们扔进没有尽头、深不见底的替换之中，
在那里唯一的规则就是无意义游戏的至高无上的肯定。白色
话语无限的窃窃私语抹除了经典言论的痕迹，这并非含蓄或
退让，而是一种符号的礼物交换，在死亡的快乐肯定中燃烧、
消耗、浪费着词语：这是一种牺牲，也是一种挑战。"（1967，
403）我随后将说明德里达所指的这种白色话语的奇特力量。

　　写作的牺牲，显然是对我们已不再共享的常识的一种
挑战。就拿建筑结构的形象来说，只有先前已造好的房屋才
能被解构；而要用建造来解构，或用解构来建造，那是不可
能的。在这里，动作的逻辑伴随着语言的逻辑。德里达和解
构主义者们在任何时候都不会为了拆除结构而攻击那些持久
的作品。解构《神曲》《哈姆雷特》《包法利夫人》或《追

忆似水年华》有什么意义？伍迪·艾伦拍了《解构爱情狂》
（*Deconstructing Harry*），虽然片名讥讽了美国大学的解构
模式，但他在拍摄中绝没有解构他的电影，事实上，他是受
了伯格曼和费里尼作品的启发而建构这部电影的，而伯格
曼和费里尼都不是解构主义导演。解构莎士比亚或解构希区柯
克？看一遍《李尔王》或《后窗》（*Rear Window*）就足以辨
认出言论的拟像企图解构的作品结构。德里达沉醉在他的分
析之中，却从不试着去解构其他任何东西，除了他自己的写
作，也就是说，举起大刀向自己，他只是在对真正的解构做
一种戏仿。

　　我在《给日本友人的信》（*Lettre à un ami japonais*）中
发现了对此的承认，那是德里达在 1985 年发表的一篇文字，
两年后收入《心灵》（*Psyché*）。这大概是解构过程中最拐
弯抹角的证词了。虽然德里达声称自己的每一行文字都是证
词，但其实他并没有去解构一种一直是非常线性的详述中的
词汇、语法和逻辑。如何理解语法结构和文本创作的阻力？
作者宣称，解构主义是"一种支撑西方本体论和形而上学之
基础概念的构造或传统建筑的活动"（1987，9-10）。读者
只能接受：哲学和文化之建筑术的形式就是所谓的要拆解的
对象。然而，德里达的词句中有着法语语法构成的句法结
构——这没有受到质疑，又有着继承自希腊哲学的概念性建

筑结构，而这两者都在逻各斯的建筑术中得到了信任。

那么，所宣称的逻各斯中心主义和话语中心主义的毁灭在哪里呢？在《给日本友人的信》中，德里达主张"解构主义既不是分析也不是批判"，"甚至不是一种行为或行动"，而是"发生在它发生之处，在有某种事物之处［……］它自行解构"（1987，12-13）。这不限于语言—语法学和语义学的模式——这些尚未被腐蚀，也不限于机械的模式，而是在所有属于"解构问题集"的模式中。德里达因此提出要"解构"1873 年《贝舍雷勒词典》[1] 中"解构"的词条。可是，这项提议仅限于一种表述行为的叙述，并不去实现它所做的叙述。就如《等待戈多》中的弗拉季米尔那样，读者一直在等待解构，却永远也看不到其到来。

作为补偿，对解构的承诺再次出现，并宣称将极大地增强对本体论构造的否定。这是"要对构造（一切类型的构造，语言学的、'逻各斯中心的'、'话语中心的'，等等）进行拆开、分解、澄清"（1987）。始终带着同样的犹豫，不在声音和意义之间——如瓦莱里（Valéry）那样——而是处于以布朗肖的方式中性化了的肯定与否定之间：必须"增加警告，最终抛弃所有传统的哲学概念，同时重新确认

---

1 《贝舍雷勒词典》(Bescherell)，一部法语参考和语法词典。——译注

有无使用它们的必要——至少先画上删除的横杠子"（1987，11）。德里达同意这种对选择的拒绝是"解构中的存有时代"强加的，这使人们无法摆脱这种厄运，甚至还会打击到解构这一术语，它最终也必会被毁灭。人们对它无法定义、无法限定、无法理解，因为所有的含义、所有的陈述、所有的概念，以及，归根到底，所有的词，都是可解构或已被解构了的，"而这对词，甚至对解构这个词的统一性也适用，对任何词都是如此"（1987，13）。因此，《给日本友人的信》的结论，以单脚原地旋转[1]的形式，理所当然地应该是："什么不是解构主义？一切！解构主义是什么？什么都不是！"（1987，14）

思想的斩首

布朗肖带着某种预感谈了死亡的权利。我们会想知道解构主义在上帝之死和人之死的交叉点上，是否有着必死的命运。解构主义者不断在词语中摧毁所有语言的命题以及陈述的构架，无论它们是有关基础、中心、力量还是法律。最惊人的是，他们无论何时都不向我们说明这种解构狂潮的原因，而解构又针对一切事物及其自身，直至自我毁灭的地步，因

1　单脚原地旋转，如芭蕾舞中的动作，或陀螺。——译注

为按照德里达的说法，解构"什么都不是"。逻辑学可以反驳说，如果一种行为什么都不是，简言之，如果它并不行动，那么它什么也不能解构，因为我们看不出"无"如何能解构某一事物。然而，解构主义的花招在于它拒绝逻辑辩论——所有诉诸逻各斯中心主义的办法都被废除了，因为逻各斯是一个中心，思想的建筑结构是围绕它而组织建立的。德里达即使在避开解构主义的对话中，也从不说明一种行为的源头，对他来说，这种行为是理所当然的。思想中有解构，就像以前在哲学中存在结构——从柏拉图到黑格尔，在艺术中也一样——从乔托到毕加索。因为我们不能建立新的结构，我们就必将解构先前建筑师的作品。因为我们不再建造石制大教堂了，那就让我们解构词语的大教堂吧。无论如何，这样的行动多快好省。

在 1986 年"法国文化"的一期节目中，德里达在和迪迪埃·卡昂（Didier Cahen）的谈话中曝光了他对于一切和"无"、结构和解构的踌躇：《没有这自恋》（"Il n'y a pas le narcissisme"）——收录在文集《省略号。会谈》（*Points de suspension. Entretiens*）中。我们可以读一读这些将建筑术的魅力和取消它的魔术结合在一起的段落："解构并非只是分解一个建筑的构造，它同时是一种疑问，关于基础，关于基础与理由之联系；关于构造的关闭，关于哲学的整个建筑。

这不只是关于这个或那个结构，而是关于系统之建筑术的主旨。建筑术，我在这里援引的是康德的定义，它并没有穷尽'建筑术'的所有意义，而是康德的定义中特别吸引我的部分。建筑术就是系统的艺术。解构首先就是针对系统。这不意味着它要解除系统，而是它打开了整理或聚集——若你愿意，也可以说是'放在一起'——的诸多可能性，从'解构'这个词严格的哲学意义上说，这些动作并不一定是系统性的。因此，这是对系统的一种反思，对系统的关闭和开放。"（Points，1992，225-226）

我们在这里得到的是解构主义的一个柔和版本，它对系统内部整理的问题提出了质疑。如果解构主义局限于这个问题，它就和哲学一直喜爱的批判分析没什么区别了。当苏格拉底提出"我只知道一件事，那就是我什么也不知道"时，那不是在解构哲学，而是建立了柏拉图后来从事的研究。在柏拉图早期那本充满疑难的对话集，以及后来成熟的形而上学文本中，我们都可以找到一种质疑其可靠性和合法性的建筑结构。但解构主义的目标远不止对系统基础的批判性反思。它在试图动摇思想的理性构造，这种理性构造自希腊以降便指向一种超验的理念，无论是称为"存有""实体"还是"真相"，而德里达在《书写与差异》中将之视为"意义的严肃性"。问题是要终结这个虚幻的意义，若不能摧毁它，也要终结以有意的目的自相矛盾地重建它的东西，要弄乱所有的轨道，让它自己进入岔道，"从一个'形式上的'、自身并没有意义的组织开始"（*Marges*，1972，161）。德里达故意切断了被认为是通向终点之指引的意义，甚至，为了重拾一种令他着迷的形象，故意切断了思想为了建立自己的系统而选择的航向。

在一本题为"另一条航向"（*L'Autre Cap*）的小册子中，德里达又谈到了保罗·瓦莱里的文章《精神的自由》（"La Liberté de l'esprit"）——这是献给欧洲的建筑艺术文化的。1939 年，瓦莱里宣称地震即将到来。"我要说我们的文化财富危在旦夕。这发生在几个方面。这以几种方式发生。这突如其来。这阴险狡诈。它被不止一个因素攻击。它正被我们所有人所挥霍、忽视和鄙夷。这种解体的进程是显而易见的。"（1960，109）早在解构主义的论点出现以前，瓦莱里就已看出欧洲精神财富的解构已在进行之中。德里达在 capital（财富）和 cap（脑袋、海角、航向）这两个词上做了发挥，cap 同样是从瓦莱里那里借来的，瓦莱里把欧洲看作亚洲的"一个小海角"。我们知道 cap 来自拉丁语词 caput，意思是头、结尾、目标，在航海方面，指船舶前进的方向。但这已不再是跟着欧洲——那个逻各斯的欧洲——的航向走了，解构主义者一直在拒绝逻各斯中心主义和欧洲中心主义的结合。航向，那个理性的航向，必须被替换，不是用另一个航向——非理性的那个，而是用德里达所称的"航向的另一种"。如果对这一表述理解正确，欧洲这条船不能再沿着相同的航向了，也不能转向，而应该开辟一条前所未有、不指定任何方向的新航线，也就是说，这条航线将不通往任何地方。

这可能吗？航海家如何在不知道前往何方、没有罗盘、没有等高仪的情况下在海洋中驾驶船舶呢？德里达又一次玩起了暧昧，拒绝在欧洲传统和欧洲批判之间、在欧洲中心主义和反欧洲中心主义之间做出选择，却求助于"不可能之事的可能性的某种经验"[1]，要发明"唯一可能的发明，不可能的发明"（1991，43）。如果我们将瓦莱里的航海意象运用到这个想法中去，那么如何才能使不可能的发明的可能性与可能的发明的不可能性协调起来，沿着航向的另一种前进呢——它在向着一个方向前进时不再是一种航向，可那个方向又必然决定着一种航向？这难解之处不再仅仅是修辞问题，而成了伦理和政治问题：在真理的航向和公共的航向都缺失之时，人在生活中将如何做人？取消航向，也就是德里达称作的斩首（décapitation），已成为解构主义思想中的一个常数。在《播撒》中，这引出了数量众多的变体，在一段

1　本句原文为 une certaine expérience de la possibilité de l'impossible，"impossible"（不可能）兼有"十分困难"之意。——译注

文学文本之前是关于"掉脑袋"的必要性，然后是"不知道把脑袋交到哪里去"的必要性，最后是在此刻呈现之际实践一种"切割"的必要性，一种"砍下的头或话语"，看一次"阉割"（*Dissémination*，1972，27、333-339）。砍头之刑的形象浓缩了对思想的构造进行切割的愿望，以便阻止一个具有意义的整体的形成。

在播撒和斩首之间，解构主义者很快便展现出一种对死亡——人之死和公民之死——的奇特迷恋。在考虑欧洲特有的政治传统时——这有待解构，因为将思想占为自有这种事必须是属于解构的——德里达在民主政体的发明中找到了它。这种政治体制模式立即被宣布为一个解构的项目，要在未来摒弃，而未来也会后退得更远，因为历史并不为某个航向所指引。不充许在民主问题上设定航向，也不充许在逻各斯或一切其他航向上设定航向，因为解构就是对航向（cap）、资本（capital）、资本主义（capitalisme）的斩首（décapitation）。显然，必须将一切与航向，与船长（capitaine）也就是与首领（chef）有关的事物斩首，无论是父亲、国王、本原、太阳、基础、理念、起源，或简单一点儿说，光芒、生活、意义的来源。

解构主义由此暴露了自己是夜、死亡和无意义的来源。在一本标题古怪的书《流氓》（*Voyous*）中，德里达突然不加说明地提出"没有不带民主的解构，也没有不带解构的民主"（2003，64，130）。没有任何司法和政治分析能解释这个说法，他似乎是在复述柏拉图在《理想国》第10章中对民主的批判。在苏格拉底从民主政制中看出人们五花八门、群龙无首之表现的地方，德里达并没有做任何伦理和政治上的陈述，他紧跟着柏拉图的脚步，但比柏拉图走得更远，将民主模式中的公民形容为"流氓"。

如果民主不是整合出一群公民，而是瓦解成一帮流氓，那我们要如何为民主设定一个航向呢？"因此，要说流氓，民众从来就离此不远。民主政体也离流氓政体不太远。"（*Voyous*，2003，97）对公民空间的这种贬黜却得到了一种稀奇的辩解。德里达声称，民主政体如语言那样被内部的解构侵蚀，这是因为它的自身免疫性。和任何系统一样，它都不符合它的本质，即人民政府，因为它无论何时都在摧毁这种属性，也就是为流氓所指挥。为了对民主结构的自我毁灭做辩解，德里达援引了自我免疫的进程，一个他在20世纪90年代的多个文本中使用过的概念。虽然解构主义拒绝模本而赞同拟像的增生，但在此，它却援引了一个充满权威的生物学建模。我们知道所有有机体都拥有细胞，细胞能识别有机体自身的成分，并摧毁外来的传染病原体。如果生物体的淋巴细胞攻击起自身组织而不是为其防御，这种耐受性就被搅乱了。若不再能认清它们的属性，在判断是自己人还是外人时出现一种迟疑，它们就会抑制免疫防御，并制造出对有机体发起攻击的抗体来摧毁它。

德里达就这样将解构看作一种"病毒"，一种处于生命和非生命之间的实体，侵入细胞、利用细胞中含有的酶进行自我复制。解构主义就这样将自己看作一种本体论的寄生虫，需要侵入宿主才能生长。德里达在《解构主义和视觉艺术：艺术、媒体、建筑》（*Deconstruction and the Visual Arts : Art, Media, Architecture*）中写道："我所做的一切都由病毒的理念所主导，可以称作寄生学、病毒学，很多东西都是病毒……病毒在一定程度上是一种破坏性的寄生虫，将混乱引入交流之中。即便在生物学中，病毒也起着这样的作用；它破坏了交流机制、编码和解码……［它］既不是活的也不是死的……［这就是］我从开始写作以来所做的事情。"（Brunette & Wills，1994）我们再一次看到了被美国建筑家尼可斯·萨林格罗斯（Nikos Salingaros）形容为"德里达病毒"（*Telos*，2003；*AntiArchitecture*，2004）的解构主义计划不停地在玩弄"既不……也不……"的双重否定。病毒既不是活的，也不是无活力的，它站在感染和健康的十字路口上，它不会完全摧毁宿主，好让宿主能把自己传播到其他细胞中去。可是，有了这个关于自身免疫与病毒的生物学隐喻，我们离一种奇特的死亡倾向还那么远吗？

因此，不只是哲学系统，所有的生命系统在解构主义的桎梏下都被判自我毁灭。这就是德里达进一步命名的"所有自动传染的自我感染"（l'auto-infection de toute auto-affection）（*Voyous*，2003，154）。而这种使存有一步步解体的传染揭示了解构主义的死亡逻辑，这种逻辑在《法律的力量》（*Force de loi*）中以一种挑衅的方式被视作公平。对死亡的迷恋使德里达在《世界报》（*Le Monde*）的一次长篇访谈中承认了他私人生活中的矛盾心理："面对正在窥伺我的死亡，享受和哭泣，对我来说是一回事"（2004，VII）。

诺斯替教义的幽灵

在同一次访谈中，德里达对让·伯恩鲍姆（Jean Birnbaum）吐露："我和我的自我交战，真的，您没法知道这已经到了什么程度，远超出了您的猜测，我要说，矛盾的事物，这么说吧，真的处于紧张状态中的矛盾事物，构造了我，使我活着，也会使我死去。"

这是受了传染的解构主义对结构经久不息的内疚。内心的冲突又加深了这种内疚感，因为无法判断真实和虚假、生命和死亡、善与恶，简言之，无法决断它想要中性化的形而上的对立面。决断，就是选择一种唯一的方法，将航线设定

在一个唯一的方向上。由此假定存在一种自由的选择，一种
善的意义，能将思想引向公正的终点。但德里达的解构主义
是一场不知疲倦的、对生活之世界的战斗，它属于生活，但
它又感到那是死亡的世界。在这里我们可以看出一种诺斯替
教派的启发，对此，这位哲学家承认自己有欠于 1988 年在
蓬皮杜中心展出的一部作品。

美国艺术家加里·希尔（Gary Hill）为美术馆创作了一
部叫《骚乱（在瓮中）》（*Disturbance[Among the Jars]*）的视
频装置作品，由七个电视屏幕播放。几个人从一个屏幕走入
另一个屏幕，读着《拿戈玛第经集》（Nag Hammadi）抄本
中的不同章节。这些经集是用科普特语写在 13 张莎草纸上的，
1945 年于同名埃及小镇拿戈玛第的一个陶瓷底部发现。风景
是在诺斯替教地区的卡特哈尔（Cathar）乡村拍摄的，还拍
了自然素材和以蛇为代表的动物形象。出现在第五个屏幕上
的哲学家是雅克·德里达。他身着白衣，在一个白色的房间
里迈着大步，不知疲倦地重复念着《多马福音》（*l'évangile
selon Thomas*）中的选段："这些石头会帮助你们……我们
如何祈祷？……当你们使二成为一……我会不会成为分享
者？……"据加里·希尔的说法，德里达的行走路线被视作
哲学家的身体，被七个屏幕分割，从而被解构（1988）。

这场骚乱是一个引人注目的例子，由哲学家出演，艺术

家执导，展现了解构主义理论的诺斯替感应。话语和形象的播撒，人物和语言的多样性，电视屏幕的分裂证实了这个关于德里达思想的诺斯替来源的假设。从中可以发现相当数量的诺斯替星云的显著特征。包括废除教义的内在和先验性；坚信宇宙是一个邪恶造物主的创造物；弃绝体制和教会；上帝秘密的神秘启示；拒绝物质和以蛇为化身的恶；颂扬一个雌雄同体的自我，导致反父权的女性主义；使用一种只有门徒才能理解的语言；沉湎于秘教意义之中，所用词语变化无限。大多数这些特征也能在德里达的写作中找到，他的写作不知疲倦地绕着一个空洞的中心打转，一个消逝的、被称为延异（différance）[1]的来源。德里达写道，用元音 e 代替元音 a，标志着由于行动之自我否定而拒绝在主动和被动之间进行选择，因为解构主义就是"一种不是行动的行动"（*Marges*，1972，9）。

这个延异的目的是在词的范围之外，解构所有的超验权威，那些用父亲、逻各斯和话语的面目来言说本源，并有条理地阐述语音和意义、能指和所指、人和世界的超验权威。

---

1 延异（différance），并非"différence"，为德里达自造词，由"différer"（差别，延期）和"différencier"（区分）二词合成。读音与"différence"相同。牛津英语词典（OED）对此术语的解释为：由于句子或句中语言符号之间的关系不断地变化和增生，任何终极的或形而上的意义都不可能确定或无限地延后。——译注

关于父亲面孔的消失，德里达在命名时又玩了一次斜体："原始面目的（l'ef-facement）[1]（Marges，1972，251），这让人想起诺斯替中的恶神——执政官（Archonte）的消失。这是通过破坏神圣话语而成为可能的，为了"延异的活动，以便暴力地开放写作"（Dissémination，1972，193）。我们在哲学家身上找到了这种精神上的诺斯替主义特征——它感觉自己从本源中被流放了出来，只能以废除和不在场的方式思考。

解构主义并不满足于毁坏——也没能毁坏——本源、统一性和超验的形象，因为必须存在一个世界，它才能行动。作为补偿，它发展出一场关于"一"的幻象和转嫁的狂欢，德里达将其形容为"拟像的虚假统一"。在五朔节前夕[2]，巫师的夜会启动一场逻辑幻象的——或者，用作者挚爱的话说——"幽灵"的放纵。这只不过是他与诺斯替传统恢复联系罢了。伊雷内（Irénée）在他的《驳异端》（Adversus haereses）中就瓦伦廷[3]的门徒无休无止的语言训练说道："每天都有人发明了什么新东西，如果不是这么高产的话，就会

---

1 "原始面目的"（l'ef-facement）一词改造自"抹去"（l'effacement），"face"意为面孔。effacement 在本书别处译为"消抹"。——译注

2 五朔节前夕，根据德国神话，在 4 月 30 日的夜晚，魔女们和恶魔会在一起欢笑。——译注

3 瓦伦廷（Valentinus，100—153），公元 2 世纪时诺斯替教派领导者之一，早年曾参选教皇失败，受当时罗马基督教正统派的排挤。——译注

被看作不完美的。"

德里达在他数百篇文本中没做任何别的事。原始统一的爆发激起了一种图形实体的畸形增生。在诺斯替的宇宙播撒中，圆满是由永世的总体组成的，而永世是由个体人物所具体化的，每一个永世形成一个单独的世界，并完全禁止达成统一。是原始的延异为德里达扮演了圆满的角色，制造了无穷无尽的诱饵、重影、幽灵和拟像，一经说出，它的痕迹就会被抹除。德里达的所有读者都知道延异——这个"既不是词又不是概念"的东西，同样"既不是本质，也不是存在"（*Marges*，1972，6、7）。从他最初的文本，给胡塞尔的《几何学起源》（*L'Origine de la géométrie*）撰写的前言开始，德里达就求助于"绝对原点的原始差异"（1962，171）这一本体论的矛盾形容，表达在其自身的消失之中被原始差异破坏了的绝对原点。

丧失了起点的原点的无定限暂留，通过其唯一的图形轨迹，导致无穷重复出现的拟像。如果永恒是诺斯替的精神实体，那么拟像就是解构主义者的语言转嫁。让-皮埃尔·马埃（Jean-Pierre Mahé）和保罗-于贝尔·普瓦里耶（Paul-Hubert Poirier）在《诺斯替著作》（*Ecrits gnotiques*）的前言中强调："诺斯替教徒认为存在的源头是永世无尽的欢乐，是自足而发光的存有的理想模式。"（2007，XXII）只要仔细看看这些话，就能看出德里达拆解语言的过程了："解构主义者认为延异的源头是拟像无尽的欢乐，是自足而晦涩的幽灵的理想复本。"德里达的文本就是证据。拟像的圆满，就像永世的拟像那样，是由一组重影组成的，它们互相结合只是为了互相排斥。我们还能发现，德里达对他的双重性系列有着同样的犹豫，那些双重性系列彼此中性化，既不是此又不是彼。这个否定重影的策略在《立场》（*Positions*）中的一段话里特别明显，在其中德里达拟像的首要单位元素占领了舞台："药（pharmakon）既不是良药也不是毒药，既不是善也不是恶，既不是内部也不是外部，既不是话语也不是写作；补充既不是增加也不是减少，既不是外部的也不是内部的补足，既不是偶然也不是本质，等等；处女膜既不是混淆也不是特别，既不是身份也不是差别，既不是消费也不是贞洁，既不是遮盖也不是揭开，既不是内部也不是外部，等等；克（gramme）既不是能指也不是所指，既不是符号也不是事物，既不是在场也不是不在场，既不是立场也不是否定，等等；距离，这既不是空间也不是时间；第一次 [1]，这既不是一种开始的完整性（启动）或简单的中断，也不是简单的延缓深刻反应性（secondarité）。既不/也不，这同时是好或好（*Ni/ni, c'est*

---

[1] 第一次（l'entame），指切下的第一片、第一块可吃的东西或玩牌时打出的第一张牌。——译注

à *la fois* ou bien *ou bien* ）；记号（marque）也是边缘（marginale）的界线，行走（marche），等等"（1972，58-59）。

播撒使我们失去了头脑和航向。诺斯替的专论《关于三重形式的首要想法》（*La Pensée première à la triple forme*）以这句关于神性的傲慢宣告结束："的确，我是难以捉摸的，我的种子也是如此。"（2007，1650）德里达的延异也不落后；首要思想，第一个想法，在外部逃亡中失去了来源，显得和播撒拟像的种子一样难以捉摸。德里达这样描述这些幻象元素：写作在不知疲倦的沸腾中散开，分散在"不可决定的属性"中，因为它们超出了逻各斯的控制范围。他再次玩起矛盾形容法的错误本体论，满不在乎地提出"我们继续称作思想的，表示——比方说——逻各斯中心主义的毁灭，那都没有意义，它不在'想要说'的最终决策机能中进行。无论它在哪里进行，思想都毫无意义"（*Positions*，1972，67）。因此，人们将会剧增拟像的单位、词的阴影以及概念的幽灵，就像它们的来源延异一样，它们将逃离模式、词和概念。那些永世也是如此，更确切地说，是那些德里达的网络逐渐抹去的甜菜根[1]——在他追踪它们之时，既然这份列表没有围墙：药，空间，开始，外部，保留，补充，处女膜，克，间隔，差异，

---

1 甜菜根（méons），谐"éons"（永世）。——译注

播撒，抹除，可重复性，边缘，标记，行走，甚至那些作者
在《立场》中用到的近音词连用："白色的意义，白色的血液，
没有白色，白色的一百，外表……"（*sens* blanc, *sang* blanc,
sans blanc, *cent* blancs, semblant……）（1972，55）。

　　我们理解，为了唤起《书写与差异》中白色话语的白色
含义，或《边沿：关于哲学》（*Marges – de la philosophie*）中
白色神话的白色血液，德里达在一间全白的房间里拍摄影片，
穿着全白的衣服，被白色的灯光照着。我们也理解，为了迎
合名为"骚乱（在瓮中）"的装置作品，他按照托马斯的要求，
选用了福音书中的段落，而不是他自己的文本。不过，不太
确定的是，在朗读诺斯替借耶稣之口说出的"当你们使二成
为一"时，他是否确定自己也进入了解构主义的王国。

3
现实的影子

在雷·布拉德伯里（Ray Bradbury）的小说《华氏451度》（*Fahrenheit 451*）中，主人公盖伊·蒙塔格的妻子米尔德里德居住在一个视觉和听觉的虚拟宇宙中。在1953年，她用固定在耳朵上的贝壳——就像我们现在的iPhone耳机一样——每晚都沉浸在音乐的海洋中。米尔德里德沉迷于她起居室墙上的三个屏幕，日日夜夜播放着影像。这台整合电视还不足以满足她，年轻的女人还希望购买最新的墙式影像，以便能完全沉浸其中："如果我们有了第四面墙，那这房间就好像不再是我们的了，而是那种大人物的房间了"（1995，46-47）。在这个美丽新世界中，书籍已经被当局禁止了。若有人在隐蔽之处发现了某本册子，消防队就会奉命立即将其烧掉。盖伊·蒙塔格就是个消防队员，而且心无旁骛，当他在一次书籍火刑中看到一个女人宁可同归于尽也不肯与书分开时，他毫不迟疑地将她扳倒在地。有一天，蒙塔格偶然间发现一本书，并读了起来，在经历了各种各样的意外之后，他加入了一个热爱阅读的流浪社区，围绕在年迈的学者身边，在古老的路上没有目的地游荡着。他们中的每一个人都一本接一本地背诵着书籍，试图从遗忘中拯救世界的记忆。

米尔德里德·蒙塔格的故事是洞穴寓言的一个现代变体。洞穴寓言有很多，其中，阿道弗·比奥伊·卡萨雷斯（Adolfo Bioy Casares）的《莫雷尔的发明》（*L'Invention de Morel*）尤为突出。与柏拉图的地下住所不同的是，蒙塔格的房子由自我封闭的影像组成，不再有任何外部。在布拉德伯里的小说中，它预示着德里达后来所想象的封死洞穴的镜盒，其中的居民完全没有出路——因为在这个假想中，现实就是这些镜子。光滑表面上的阴影和反射吞没了高度和深度。不再有由建筑术所统一的世界，只有不协调的、飞舞的影像，它们偶然地连接在一起，直接在其内在的平面上出现和消失。人的经验缩减成一大堆像素，即影像的成分，人将它们融入自己的大脑，如同他在屏幕上感受到一样。事物不再由类比的观看所捕捉，相反，观看被数字化的传感器控制了。运算的机器正在提供德勒兹和加塔利在《千高原》中称作欲望机的功能。它们不再由有机体组成，而是一些"通信活门、阀门、闸门"的机械布置（1980，189），由欲望或灾难偶然地接通和断开。人们浸没在影像矩阵装配出来的空间中，而矩阵将一点点地取代他们。在已被毁坏的眼中，世界变成了一套数字编码。

世界的消失

影像海啸式的警报在向后现代思想家们示意之前，已经在现代性中汹涌澎湃，而这并不是哲学家的发明。他们一直在批判表象的统治——欺骗性的、短暂的表象，以便寻找一个稳定的现实，这种现实的基础可以在德里达称作超验的决策机能中找到。我们可以在这个超验决策机能中看出柏拉图的理念、笛卡尔的无限、黑格尔的"理性"或马克思的"辩证法"，也就是尼采将要谴责的上帝众多化身之一。其实，宗教在历史中是人和世界之概念最坚实的基底。然而，费尔巴哈（Feuerbach）正是在 1841 年《基督教的本质》（*L'Essence du christianisme*）中批判了宗教和哲学为了影像帝国而对"现实帝国"的背叛。我们在此书的第二版序言中读到："而无疑，我们的时代……更喜欢影像而不是事物，复本而不是原本，再现而不是现实，表象而不是存有……对它来说，神圣的只是幻象，而世俗的才是真理。更有甚者，在它眼中，真理越少，幻象越多，神圣便越神圣，以至于幻象有多高，神圣便有高。"（1992）

用偶像代替理念，用复本代替模本，用拟像代替现实，以此来颠覆神圣，这不仅发生在宗教中。今天，这还影响了哲学、技术和政治领域。最敏锐的批评意见来自居伊·德博尔（Guy Debord）的《景观社会》（*La Société du spectacle*）。作者虽属于马克思主义派系，却超越了无产阶级、异化、剩余价值或资本主义的革命圣经范畴，对已变成模拟而非行动的世界，对已变成观众而非行动者的人做出了具有独创性的分析。一个奉献给影像和虚构之活跃性的世界降临了，把现实和存在的本体论密度消耗殆尽。存有（生命）中不能承受之轻——米兰·昆德拉在看到现代性中一个失去了超越性和重力中心的荒废空间时，将会如此评论。在德博尔看来，我们生存于一个双重的谎言之中，因为"影像自主的世界"是"谎言自己欺骗自己"的世界（1971，§2）。谎言不承认自己是谎言之时便开始自我欺骗了，而伪造不再自视为伪造之时便开始自我伪造了。失去了指向真实的方向，景观作为拟像——虽然德博尔并不使用后一个术语——就只指向其自身的显现。依照《景观社会》第14章中的一句简短的话："景观什么也不想成为，除了它自己。"

自主景观的再现和自毁性的解构实践，通向的是同一种荒废。影像的世界侵占了真实的世界，并不只是在补充表象或娱乐。它和游戏者无关，而是个地地道道的工兵。它从内部挖开实在的、历史的、社会的以及心理的现实，以便为了自己的表演而模仿现实。用一种不同于德勒兹的话说，景观的拟像已经取代了实在的模式。"景观，以其所有特定的形式——信息或宣传、娱乐的广告或直接消费——构成了社会支配性生活的当前模式（1971，§6）。在对现实的颠覆中，我们可以发现一种相同的行动——德勒兹将其归咎于对柏拉图主义的颠覆，而德里达则将其归咎于逻各斯中心主义："在真正被颠覆的世界中，真实就是虚假的瞬间"（1971，§9）。

德博尔牢牢抓住了景观颠倒，不是在镜子的另一边、红心皇后的反面中的爱丽丝，而是在镜子先前的那一边、小女孩的正面中的爱丽丝。伍迪·艾伦理解解构主义的一切妙处。在影片《开罗紫玫瑰》（*The Purple Rose of Cairo*）中，西西莉亚在宝石宫把她最喜欢的电影看了五遍。这一天，电影的主角汤姆·巴克斯特从银幕中走了出来，在电影播放厅中与这个年轻女孩调情。这里上演的正是社会的景观，拟像成了其自身的替角，因为伍迪·艾伦执导的彩色影片中包含了汤姆·巴克斯出演的黑白影片。两部影片的片名相同：开罗紫玫瑰。

居伊·德博尔确立了一个人类社会的诊断结果，这个社会不再专注于其发生的生动现实，而是专注于其再生的虚构景象。"当真实的世界变成简单的影像，这些简单的影像就变成了真实的存有，以及一种催眠行为的有效动机。"（1971，§18）在这样的颠倒中，最令人震惊的就要数那些观众了，他们和西西莉亚一样把从银幕上走出来的一个影子当真，对自己臣服于一个不真实的现实也不再吃惊。他们与洞穴中的囚徒有着相同的命运，拒绝将自己从幻象中分离出来，并将那些试图释放他们的人置于死地。"这景观是戴着枷锁的现代社会的梦魇，最终只会表达自己睡眠的欲望。这景观就是这沉眠的守卫者。"（1971，§21）

德博尔的批判超出了他的革命义务所要求的政治谴责的范畴。那是建立在本体论层面上的，因为现代社会不满足于简单地将存在的现实和景观的虚构进行比较，承认它们的二元性。景观的影像将一切需要最少支持就能呈现出来的事物与现实隔离开来，以此取消存在和虚构之间的区别。"景观是对自我和世界之界限的抹除——通过粉碎围攻世界之'在场/不在场'的自我，也是对真实和虚假之间界限的抹除——通过抑制一切被置于虚假的真实呈现中的真相，而虚假则巩固着表象的组织。"（1971，§219）作者总结道。

德博尔在景观中所谴责的"世界的在场/不在场"，或"真实生活的否定"（§215），京特·安德斯在10年前发表的《过时的人》中就已经觉察到了。关于我们今天生活其中的拟像世界，同样出自马克思主义的安德斯给出了一个激进且具有预示性的描述。他文集中的主要文章题名为"作为幻象和矩阵的世界"。文章为注定要过时的人辩护，也为注定要毁灭的世界辩护。在传统的人文主义视角下，他的辩护并不是为了一个更公正的世界，而是以更费劲的方式写成了"仅仅是为了让世界继续存在"（2001，13）。

和雷·布拉德伯里的《华氏451度》一样，安德斯的分析集中在自20世纪50年代以来无所不能的广播和电视之上。就如那位美国小说家一样，安德斯注意到，我们时代的主要特点是整个世界都由合适的机器递送到了你家里。因此，观众和听众不参与话语和影像的传播，他们只是被动地消费着。"文化水龙头"（robinet de culture）（2001，119）一直开着。现实翻转成了影像——安德斯在谈"鬼魂"时强调了这一现象——人们不再需要出门就能到外面去。从今以后，外界，无论是以真实的还是虚假的形式，已经走入了家门。但影像传播的现实被其使用的技术工具给颠覆了。家中的世界变成了虚幻或幻象，当它被外部世界侵入时。"当远方走得太近时，近处却走远了，或变得模糊。当幻象变成真实，真实却变成了幻象。"（2001，123）

广播和电视——如今还可以加上电子游戏、电脑、平板电脑和手机——的消费者，满足于按下按钮，观看从一幕永不结束的景观中鱼贯而出的现实，直到关机，似乎影像的终结就是世界的终结。安德斯沿着海德格尔开启的视角，强调指出：世界的临近，是以拟像的形式传送到家中的，它破坏了距离的感觉，而这种感觉对我们是不可或缺的。在使远方临近而近处走远之时，影像的中性化导致了相同的结果：我们"在世"（être-au-monde）结构的破坏，是由一系列我们周围的同心圆所安排的。世界偷偷摸摸地进入我们家中，我们还情投意合，使事情失去了它们在现实中的重量。"世界，既不在场，也不是不在场，而是变成了一个鬼魂。"（2001，151）我们确实在拟像——德里达意义上的拟像——面前，以重复的模式做着"既不是……也不是"的变格。既不是模本也不是复本，既不是外部也不是内部，因此，既不是在场也不是不在场，鬼魂把玩着本体论上的暧昧，而我们已经在幻象中与之见过面了。

人际关系——首先是家庭关系，只在乎"人的拟像"了，他们的行为便只依照着现实的拟像（2001，169）。安德斯在分析中进一步使用矩阵来建立现实的碎片——散落在没有统一性的世界或电影蒙太奇的持续之中的现实。这些视觉和听觉的母体很快变成触觉、味觉和嗅觉性的，又制造出以商品为形式的鬼魂，以及依赖于这些之上的欲求。当鬼魂的弥漫普及到真实世界的范围，真实世界就成了它自身影像的鬼魂，成了自我复制的借口。至于消费者的影像，现实对其几乎不感兴趣，安德斯讥讽道，就如"柏拉图洞穴中的囚徒对把握理念不感兴趣一样"（2001，220）。作者的结论是非常明确的：从母体到母体，从鬼魂到鬼魂，影像的绝对统治意味着，在今天，"世界，作为世界，已经消失"（2001，224）。

母体的阴谋

从欲望机器到欲望母体，路途并不遥远。思想家、艺术家和创作者们想象出一个鬼魂般的世界，而技术让我们置身其中。关于这个虚拟现实，一个最让人着迷的例子是沃卓斯基兄弟[1]1999年的《黑客帝国》（The Matrix）、2003年的《黑客帝国2：重装上阵》（The Matrix Reloaded）和《黑客帝国3：矩阵革命》（The Matrix Revolutions）。[2] 这部科幻三部曲将柏拉图的洞穴提升到了全宇宙的水平上，描绘了一个完全拟仿的世界，人们在其中过着一种拟像的生活。让我们在开始本体论课程之前，先进入这个鬼魂宇宙去看看。

在公元第三个千年中，一场毁灭性的战争使地球失去了太阳，机器掌握了权力并奴役着人类，而人类以为自己还活在一个世纪前他们所熟悉的环境中。他们不知道这个存在只是一场不允许醒来的梦。机器把他们当作种子，在他们出生时就放入豆荚，用羊水来培育。一个巨形母体将必需的感受传给做梦者，制造一个虚幻的环境，使他们对此信以为真，

1　现应称姐妹。——译注

2　为方便释义，下文改用"Matrix"的拉丁文原义"母体"来称呼本片。"mātrīx"的词源是"mater"（母），指雌性动物、生育者、子宫、乳房、根、来源，等等。——译注

并不相信可以从中逃离。作为交换，母体从数百万这样的囚徒身上提取能量，以供机器一直运转下去。因此，这个世界唯一的现实，就是人和机器之间的能量交换，后者为前者生产梦境，前者为后者生产力量。有极少数的人逃脱了母体的控制，住到了名叫"锡安"[1]的地下城中。这些弃儿被计算机程序派出的机器人追逐，期待着"被选中的那个人"来摧毁母体，拯救人类。

年轻的计算机科学家托马斯·安德森被计算机屏幕上的一条消息从梦中惊醒："醒醒，尼奥！"第二条消息更加令人迷惑："母体控制着你"，并叫他"跟着白兔走"。然后，一个客户来找他买一张磁碟；和他一起来的年轻女孩肩上文着一只兔子。托马斯把收到的钱藏在一本假书中——忙中一瞥，书名是"拟像与拟仿"（*Simulacra and Simulation*），让·鲍德里亚（Jean Baudrillard）作品的英译版，我将在后文谈及。这电影三部曲叙述了托马斯的历险，他跟着兔子女孩遇到一些奇异人物，明白了自己不是如以前所想的那样活着。他作为计算机专家的生活只是一场梦，他必须醒来，将睡在羊水里的自己从蚕茧中拉出来。他其实是"尼奥"（Néo）——"新人"，而把"Neo"的拼写颠倒过来就成了"One"，意为"唯

1　锡安（Zion），希伯来语，耶路撒冷的锡安山，后指耶路撒冷、以色列的土地，也可指天国。——译注

一的那个"，或"被选中的那个"。其实，尼奥就是唯一那个能将人类从母体的控制中解救出来，带领自由人类摧毁机器宇宙的人。因此，这将是拟像的终结，所有人都将逃脱计算机程序强加在他们身上的梦境。尼奥遇到了所有该遇到的人物，那些程序机器人，以及那些自由民，其中有他们的一个领袖墨菲斯[1]。正是他在托马斯的梦中插入了这条消息"醒醒，尼奥！"，要他马上从棺材中真正地醒来。托马斯成了尼奥，也就是说，他要做一个真正的人，而不是拟像。

为了鼓励他担负起自己的使命，墨菲斯要尼奥像故事中的爱丽丝那样，在蓝色药丸和红色药丸之间进行选择。前一种能使他留在虚幻世界中，不再醒来，"岁月静好"地活着。后一种将使他出离梦中，前往仙境，犹如爱丽丝梦游仙境——其实是一片被人与机器的战火毁坏的大地。托马斯犹豫了一下，然后拿起红色药丸，承担起了拯救的命运，要让人类逃脱洞穴——用现代的话说，就是逃离母体。柏拉图的囚徒在真实世界中向着太阳挺进，不同的是，尼奥将要发现一片失去了阳光，被世界末日之战所摧毁的大地，这片大地见证了机器的胜利。

影片的情节第一次玩起了暧昧。因为尼奥从电视影像

---

1 墨菲斯（Morpheus），希腊神话中的梦神——译注

上看到的荒芜大地，虽看似真切，却仍可能是母体模拟出来的。因此，影片的关键，并非像观众倾向于认为的那样，是人类的解放和机器的暴政，而是一个虚假的解放所制造的幻觉持继的问题。对影片的一种乐观解读将尼奥视作母体程序中的一个系统性异常，而母体试图使其错乱，并在成功击败它时摧毁了它。这个情节如实地再现了柏拉图的神话，解放了的囚徒是洞中人类的异常，因为他是唯一一个认识到自己的处境并逃离地下世界的人。对沃卓斯基兄弟和柏拉图来说，获得自由是一件在事物发展过程中无法解释的事情，因为洞穴—母体决定论支配着囚徒的存在，也决定着其自身现实的发生。呈现在我们面前的虚拟世界中，异常似乎是完全不可能的。

我们也可以想象第二种解读，这很可能是母体的隐含意义，即母体已经预料到其程序出现异常的可能性。在柏拉图的例子中，洞穴自身通过与木偶剧院类似的机制在石壁上造出阴影。一些囚徒不知道在他们背后有一堵墙遮掩着另外一些生活在洞中的人，后者将物品顶在自己头上，可以自由走动。他们就像在幕后操纵木偶的人，观众看不见他们，他们却使木偶在台前动来动去，像是活的一般。远处的火照耀着洞穴，将这些物体移动的阴影投射在有如巨大银幕的洞穴深处。

柏拉图将这些影像称作偶像或幻象的阴影，也就是说，在囚徒眼里，这些影像的瞬间显现就是其自身的来源。这种投放一系列活动影像的电影装置即便不是洞穴的阴谋诡计（machination），也是一种换景设备（machinerie）。这在《母体》里也一样。投影剧院的基本原理在《母体》中采取了功能更复杂的形式：它不再是在囚徒眼里洞中物体漫射的阴影，而是母体的计算机软件在做梦者大脑里植入的拟像。《母体》的观众有理由认为是母体要创造一个异常。这个计算机漏洞以为自己在搅乱机器，但实际上它所做的只是检查运行情况。

最终，一切都取决于必须与影像相一致的本体论状态。影像是依赖于将自己识别为肖像的模本，还是作为拟像自发产生？换句话说，除了拟仿幻象，人能够抵达现实吗？《母体》三部曲的结尾似乎颠覆了这样一种读解，即尼奥战胜了母体，解放了人类，并结束了拟像的传播。展示给我们看的，是尼奥迎战母体，而母体被表现得像是一片巨型阴影，在演员名单中，她被称作"舞台机关中跑出来的神"（Deus ex machina）[1]，似乎想以此来说服她与人类言归于好。表面上，母体因为尼奥领导的叛乱而担忧，同意摧毁机器人，并从豆

1　在古希腊戏剧中，当剧情陷入胶着，困境难以解决时，突然出现拥有强大力量的神将难题解决，令故事得以收拾、有个好结局。扮演神的演员会利用起重机从舞台上方降下，或是起升机从舞台地板的活门抬上。这种表演手法是人为的，制造出意料之外的剧情大逆转。可称为：解围之神，天降神兵，有如神助等。——译注

莢中释放了那些梦中人。现实似乎重新获得了对抗拟像的权利，自由人在巨大洞穴里的锡安城中获胜而出，夺回大地并重建城市。我们知道，锡安是由机器建造的，并且是靠母体从囚徒身上提取的能量来运作的。因此，我们可以料想，它反过来也是母体的一个影像，和柏拉图的洞穴一样。

这就是三部曲最后一部的终局提示。尼奥从一个叫"建筑师"、被人称作"母体之父"的角色那里得知，他并不是唯一被选中的、命中注定要解放人类的那个人（The One），而是母体计算出的第六代当选者。因此，他只是一个受母体许可的、受限制的程序，当母体发觉自身的功能有缺陷时，她在建筑师的控制下用他来重新装配自己（母体：重装上阵）。初代母体是个失败，而当前的母体是第六代版本，她预见自己的缺陷，并按时自我核查，编写系统异常。这个所谓的尼奥既不是"被选中的"也不是新的，也根本没有解放人类；他的角色只不过是母体的一项核查功能。这将无止境地持续下去，一轮又一轮（母体循环[1]），从而制造人类生灵的拟像。他们会在成为梦的同谋之时，以为自己过着真实的生活，然而他们只是计算机运算出来的、遍布全球的虚拟罢了。

托马斯·安德森，又称尼奥，将只是作为一个计算机程

1　第三部的片名"矩阵革命"中，革命（revolution），还可以译为巨变、旋转、循环，本义为"转回来"（re+volver）。——译注

序存在着，他的本体论现实一片空无。托马斯从一个模拟的梦中醒来，在兔子洞中追逐着，以为自己在现实的红色药丸和拟像的蓝色药丸之间做了选择，殊不知他的选择也是程序设计的。他和机器的战斗是计算机系统的异常所执行的，受到母体的一系列内部监管的控制。尼奥与机器建立的和平，就像他以为已经逃脱了梦境一样，也是骗人的。因此，在三部曲的结尾，他将死去，不是作为一个自由英雄，而是作为走到尽头的程序功能。尽头就是机器，它选择了尼奥就是为了让他消失。

从再现到模拟

《母体》以独创的方式呈现了人被技术毁坏的主题，或至少呈现了人对拟像的屈服。第六代尼奥以及他的前任只是母体的一个工具，与之相同，人也陷在机器制造的幻觉之中，做了拟像的同谋，而拟像则喂养着它们的幻象。我们在当代哲学、文学和艺术中可以找到相同的假设，关于世界简化成——就如德勒兹的图像那样——一个光滑的表面，拟像在其上大行其道。1953 年，雷·布拉德伯里就创造了让蒙塔格的妻子梦寐以求的、能满足她对虚构之渴望的镜面墙。斯蒂芬·斯皮尔伯格在 2002 年的《少数派报告》（*Minority Report*）中用交互式全息屏幕实现了这面墙，它能对用户的手势做出反应。为了预防犯罪，2054 年人类都生活在透明虚拟墙的监控之下，墙上的影像照出人们的行为。虚构又一次超前了现实，甚至取代了它，因为由大型电视机构成的镜墙，或"生活之墙"，在今日已是司空见惯了。几毫米厚的屏幕，可以是平面的，可以是曲面的，可以是柔性的，尺寸可以很大，而投放的影像可以达到如此高的精度，甚至比其模本还要清晰。可以想象，投放影像的面板在未来可以不再需要墙面，即物体表面，就能在空间中直接展示现实的全息拟像。

这些设备所引发的本体论问题并没有变，从柏拉图的影子剧院到斯皮尔伯格的镜墙。由合适的设备拍下的影像，与人们所认为的产生影像的现实之间，是什么关系呢？当影像被认为是现实的体现时，并不只"现实"一词变得模棱两可，"影像"一词也显得有些含糊。这个问题似乎逃脱了居伊·德博尔对现代社会的分析。当他试图描绘已成为真实生活之否定，乃至将世界简化成"在场/不在场"（1967，§219）之"虚假"景观时，德博尔混淆了影像产生的两种方式，而柏拉图对此是做了区分的：偶像的再现与拟像的拟仿。他要辩护的论点完全基于他书中开头的两句话："现代生产条件统治下的所有社会生活都预示着景观的无限堆积。曾经直接经历的一切，都在再现中远离。"因此，现代世界——在某种意义上说，这源自叔本华的表述——将成为一个欲望和再现的世界。而正是这种再现，在剧院的意义上，将凝结成景观社会的欲望。

并不是这么回事。再－现（re-présentation）是现实的重新呈现，而现实是模本。因此，它以重新－请求（ré-pétition）的方式证明了模本的优先性和优越性。没人可以使第一次并不存在的东西再次呈现出来，因此，再现只是呈现的第二次影像。我用柏拉图的床对此进行说明。它是模本的复本－肖像，以一种有用的样子呈现出来；所以，物质的床仍受制于模本，是通过忠实模拟而复制出来的。这和工匠的床已不再有什么关系了。当然，它会使人想起已经转移到一个表面上的、用木头做成的床，以及在更遥远之处，床在理念中的模本。但它用自身的虚拟在场代替了它们的真实的不在场。就拿梵·高 1888 年画的《在亚尔的卧室》（*La Chambre de Van Gogh à Arles*）为例，我们可以在阿姆斯特丹的梵·高美术馆里看到这幅画，也可以在奥赛博物馆看到它的另一个版本。虽然是现实主义画法，但画中这张黄色调的床并没有家具的体积，画家也不可能躺在上面。因此，它的本体论等级在物质的床和理念的床之下。不仅如此，画家可以摆脱模本和复本，扭曲它们，以至于他的作品与床不再相似。蓬皮杜中心的乔治·布拉克（Georges Braque）1908 年的《大裸女》（*Grand Nu*）就是这样，梦中女子和床被透视法打破，在垂直方向上变形。罗伯特·劳森伯格（Robert Rauschenberg）在 1955 年的《床》（Bed）中更进一步：他画了一张上了漆的床，其中的元素是去除了真实性的真实物品，画家的枕头、床单和床罩。参观者从水平方向看，作品被垂直挂在纽约现代艺术博物馆的墙上。当艺术家决定制造自我指认的实体时，拟像便远离了现实，以至于用不着它了。

如果我们将"现实"一词理解为在物理或心理经验中向我们呈现出来的一切，那么我们便被引导着去区分现实构造的几个层面。第一个层面已被柏拉图理论化了，那便是建模的层面。这是从一个主导的理念上建立一个理论性的模本，就如柏拉图在《蒂迈欧篇》（Timée）中提出的宇宙模本、牛顿的《数学原理》或爱因斯坦的《狭义和广义相对论》。这种模本很可能会造成大量科学、技术、艺术和文学作品的产生，它们有着建筑术的天性，因为它们是建立在一个理性、原初的基础上的。这些作品服从于一种再现的行动，忠实于原始的模本。如果对复本的认识依赖于对理念的认识，复本 – 偶像便使不在场的理念 – 模本变得在场。在现实的第三个层面上，我们看到了一种断裂：拟仿取代了建模和再现。这一行为的结果便是：由于其虚拟化的过程，拟像便拥有了将现实的前两个层面去现实化的能力。我推荐另一部科幻电影《电子世界争霸战》（Tron），作为现实之现实化的三个层面的例子。该片拍摄于 1982 年，是第一部使用计算机图像处理技术的影片，计算机又一次展现了柏拉图的模仿（imitation）的三个层面。

计算机程序员凯文·弗林被植入了一个计算机程序，程序将他非物质化，使他失去了人性。如同在《母体》中一样，人工智能试图将他转为数字拟像来摧毁他。主人公发现自己成了虚拟游戏中与其他玩家一起游戏的一个化身。他在其他两个计算机程序尤里和创的帮助下才逃离了困境，这两个程序还保留着自己作为设计师的记忆——两个人类：劳拉和艾伦。他们，在"再现"的真正意义上，代表着真正的人类——创造了程序，在游戏中并不在场。尤里和创有着柏拉图式的、肖像的地位，代表了他们的模本。他们帮助凯文·弗林，这个变成了拟像的人——京特·安德斯会称之为幻象——去击败中央控制程序（MCP）的最终模拟。值得注意的是，所有这些受计算机技术启发的电影都非常真实，而且都将结构设置在了拟像的深渊中，因为无论其情节最终是人类还是机器获胜，这些作品都不是再现，而是对现实的拟仿。

我们可以用再现世界转变到拟仿世界的过程来说明现代性的主要特征。让·鲍德里亚是1981年出版的先驱性著作《拟像和拟仿》中最可靠的见证人。他将启发沃卓斯基兄弟，而他们在发生于梦中的《母体》片首就展示了这本书，如上文所述。这位社会学家的论点建立在对拟像之岁差（précession des simulacres）[1] 的批判评定上。虽然我们通常的世界观是基于各种形式的虚构所提供的、现实对拟像的先行之上的，然而，从今往后，拟仿却会先于现实。我们不再知道哪一个是第一个，是德勒兹的模本还是德里达的原则，因为拟仿的循环过程在其永恒的自我指向中呈现出一种破坏现实的超真实性。"比真实更真实，我们就是这样废除真实的。"（1981，122）按马歇尔·麦克鲁汉（Marshall McLuhan）的表述，如果"媒体就是信息"是对的，那么鲍德里亚就会在沉思中指出：信息就是拟像。换句话说，不再是土地先于地图，而是地图先于土地了。于是，技术什么也没有再创造，它只是拟仿出了一个没有源头的真实，一种超真实，现实在其中被符号吞噬。

"拟仿时代从对所有参照系的清算开始，这更糟；通过他们在符号系统中的人工复活……它不再是模仿，也不是重复，甚至不是戏仿。它是用符号的真实代替真实，也就是说，是通过双重操作，亚稳定、程序化、无差错的标牌机来提供所有真实的符号，并使所有的情节突变都发生短路。"（1981，11）

1　岁差，地球自转角度的渐次变化，使每年的春分点及秋分点比上年略为提前。——译注

实在和想象之间、真实和虚假之间、在场和不在场之间的差异被删除了，虚拟宇宙浮出水面。它不再受现实的原则，而是受拟仿的原则所指挥，在一场新的哥白尼革命中，它引导现实去围绕拟像，而不是拟像围绕现实。鲍德里亚在其《致命的战略》（*Stratégies fatales*）中加强了批判，着重指出拟仿和超真实的猥亵。由于过度制造拟像，一切意义的超验性都被废除，让位于"操作流程的内在表面，通信交流那光滑的、操作性的表面"（1983，72）。鲍德里亚是柏拉图派的，他点明了在将其超真实强加给已经丧失地位的模本的过程中，拟像虚幻化的渐进阶段。在第一阶段，拟仿影像是"一个对深层现实的反映"。然后，"它掩盖或扭曲了深层现实"。在第三阶段，"它掩盖了深层现实的不在场"。最后，是其顶点，"它与任何现实都无关了：它是它自己的纯粹的拟像"（1981，17）。虚拟世界似乎已经取代了现实世界。

从真实到虚拟

至少，拟像，以及那些在拟像中看到现实解放之效果的人，相信这一点。在指出错误之前，我将用电影放映的例子来展示虚拟的本体论状态是什么样子。鲍德里亚在提及电影的放映"只不过复活了一些鬼魂"时，向京特·安德斯借用了"鬼魂"（fantôme）一词，向柏拉图借用了"幻象"一词，用来指称模拟不在场之现实的虚拟符号；因为我们在电影播放厅中观看到的影像，并不在此时此地影响我们：这些行动在另一个空间、另一个时间中发生，我们被排除在外，尽管我们有所关切。看电影时，我们其实面对着两个现实，一个是虚拟的，另一个是真实的。银幕一旦亮起，我们就看到了第一个，就是作品的情节，以虚拟现实的方式呈现出来，我们看得聚精会神，却不知道这只是个模拟。

我们可能对丽塔·海华丝（Rita Hayworth）的舞蹈很着迷，可是她并没有如同她在胶片上、被投映到屏幕上的拟像那样，作为吉尔达在我们面前脱下长手套。既使我们把电影看上好多遍，角色也无法改变其影像，会一直重复其动作，机械得就如放映机的自动机制一样。吉尔达不是丽塔，丽塔也不是吉尔达。第二个现实就是拍片期间对舞台的拍摄，然后是剪辑和后期制作，它左右着前一个现实的放映。我们不再处于拟仿之中，而是处于对摄影棚中真实呈现的场景的再现之中。观众是电影拟仿的缘由，而观众观看的正是这个他无法走入的再造。第一个复本——作为当前现实的肖像，在拍摄期间，是第二个复本的条件——作为虚拟现实的拟像。

我们还可以更进一步地探讨这种再现和拟仿的晕眩。计算机程序，就像《母体》中所拟仿的，首先是在工作室中拟仿母体宇宙的程序。今天，它可以拍摄合成影像，因此也无须真实的风景、真实的布景，以及真实的演员在场，因而也就无须其再现。就以詹姆斯·卡梅隆的《阿凡达》[1]为例。影片是由一台叫导演中心系统（Director Centric System）的虚拟摄影机拍摄的，使用了动态捕捉的计算机程序，将人类演员、野生动物和人造物件的物理运动转换成数字影像。为了实现《阿凡达》中的特效，电脑专家使用了装有 3.5 万个处理器的 4000 台电脑来模拟潘多拉星球上的虚拟世界。观影时，观众沉浸在一个奇异的空间中，虚拟性慢慢呈现出来：这个虚拟星球的虚拟空间是由虚拟摄像机拍摄的，摄像机拍下了虚拟合成影像的虚拟动作。《阿凡达》的演员并不是虚拟的拟像，他们都是活人，就像电影的技术人员、计算机程序员和物理学家，是他们将导演的意图虚拟化了。

　　什么是虚拟现实（réalité virtuelle）呢？即便矛盾形容法是真实的，它所形容的还是非常模棱两可。法语词 virtuel（虚拟）来自拉丁语词 virtus，词源是 vir，在罗马时期表示军人和公民的力量，充满男性气概，由军人和公民的 vertu（美德、义行）所展示。一次奇怪的词义突变赋予了 virtuel 一种去物质化的含义，同时取消了其本体论的重量。虚拟的拟仿，经过一次新的突变，用一种超真实的效果弥补了这个现实的

1　阿凡达（Avatar），意为化身。——译注

不足，这种效应在我们感知到时已经将自己从世界中解放了出来。通过计算机技术加强的虚拟变得比美德更有美德，比力量更有力量，比真实更真实。这个超真实世界已经取代了真实的世界，就如形容词 virtuel（虚拟的）取代了名词 vertu（美德），又转而变成了名词 le virtuel（虚拟）。有一种魔法般的领导将所有用户吸引到入侵屏幕的影像面前。在 2013 年 11 月 23 日，只要接入互联网，输入法语的"大型多人在线角色扮演游戏"（MMORPG，或 JdRMM），就能得到 0.483 亿条结果。有人会觉得这些网站并不是虚拟世界。然而，每一条搜索结果都可以由相关文章和外部链接抵达——即便还不完全是真的，这也差不多（virtuellement）可以证明焦尔达诺·布鲁诺和丰特内勒对世界多元性所做的大胆假设。

在全球互联网上访问最多的、没人能躲开的虚拟世界中，我要提一下云中会（Cloud Party）、安特罗皮亚世界（Entropia Universe）、IMVU（Instant Messaging Virtual Universe，即时传讯虚拟宇宙）和曼巴国度（Mamba Nation），也别忘了网络游戏，如《魔兽世界》、《星战前夜》、《道孚斯》（Dofus）、《仙境传说》和《我的世界》。想一想《第二人生》，最复杂的虚拟世界或三维元宇宙，这是以尼尔·斯蒂芬森（Neal Stephenson）1991 年出版的小说《雪崩（虚拟武士）》（*Snow Crash*）为基础创造的。它是一个计算机程序，以社交网络和游戏为形式，用户在其中通过化身形式创建他们想要的世界。位于旧金山的林登实验室开发了一款免版税的开源软件，通过托管玩家的制作来控制《第二人生》的地形，包括风景、城市、角色、动物和物件。这个宇宙由林登实验室创造的三种生物组成，实验室将开发许可转让给了玩家。我们可以看到陆地——一个分布在五大洲的地理空间，但与我们的不同，还有大量属于用户的岛屿。然后，我们添加对象，即可以组装的基本几何元素。最后，我们创造出人类或非人类的化身形象，开始历险经历。这个世界使用一种与美元平行的货币，即林登币，可以像自然货币一样买卖，其商业交易必须向在玩家的居住国缴纳增值税。

这些平行世界中复杂的信息技术使它们与传统的建筑游戏，如《大富翁》或《乐高》等游戏拉开了距离，后者是使用物质材料而非虚拟性拟仿的游戏。它们的超真实性将玩家拉进以数字化的元素真实创造出来的人工世界中。一个虚拟现实被添加到当前的现实中，引发用户的兴趣，甚至使其沉迷于此，为他们提供第二种生活，填补他们眼前生活的空虚。许多虚拟网站都喜欢引用著名科幻小说家 J. G. 巴拉德（J.G. Ballard）的话。在他眼里，虚拟世界的发展是"人类历史上最伟大的事件。这是人类第一次能够否认现实，用自己喜欢的愿景代替它"。拟仿的敌人制造着鬼魂、化身和拟像，詹姆斯·卡梅隆等电影艺术家, 菲利普·K. 迪克（Philip K. Dick）等作家, 虚拟现实之父、于 1956 年发明沉浸式电影和感官影院的信息学家莫顿·海利希（Morton Heilig）, 以及如吉尔·德勒兹这样的哲学家们, 都明确地指出了这一点。这就是现实, 不请自来地将自己送到人们面前, 而人们已经不再满足于它的免费, 因此, 它便把自己献给了虚拟性。

由模本向拟像、真实向虚拟, 以及现实向超真实的漂移还可以更进一步。虚拟世界用户的需求, 以及更普遍的互联网用户的需求, 与最先进的研究实验室的供应正相契合。所谓的 NTIC, 即新式信息通信技术, 现在又推出了一系列用幻觉感知取代自然感知的技术。如果可以用虚拟的图像和声音欺骗视觉和听觉, 那同样可以用取代自然分子的化学分子欺骗味觉和嗅觉。至于触觉, 亚里士多德在知觉中给了它一个特殊角色, 因为它要求人直接接触物体, 成为现实的一种保证, 然而, 在有了数据手套（data gloves）之后, 它也成了一种信息的虚拟方法。光学传感器通过对手指和手部运动的数字化而取得所需感觉, 再连接到计算机, 便可对虚拟物件进行真实操控。

南加州大学的教授巴特·科斯科（Bart Kosko）在 1993 年已是虚拟技术的先驱人物, 他写了享誉全球的著作《模糊思维：模糊逻辑的新科学》（*Fuzzy Thinking. The New Science of Fuzzy Logic*）。在这位天才看来，计算机模拟的虚拟现实不仅改变了计算机用户的行为，还改变了思维的逻辑结构。在未来，装配了手套、眼镜和虚拟套件的虚拟动作系统，将通过消除距离，以及以相同的方式消除旅行所需的时间，让个人获得所有体验的真实感觉。用户将真实地感受到虚拟物体的重量、温度和质地，并能与地球另一侧的人握手，或抚摸其身体。1984 年出版的威廉·吉布森（William Gibson）的小说《神经漫游者》（*Neuromancien*）中给出了关于这个控制论空间的预言，获得业余爱好者的狂热崇拜。网络空间被定义为"在所有国家，由千千万万操作者、学习过数学概念的孩子合法的、日常经验的共同幻觉……从人类系统中所有计算机存储器里提取的数据的图形再现"（1988，64）。

从虚拟到理念

　　我们生活的现实世界与寄存于现实世界中的超真实世界之间的混淆甚至更加强烈，因为后者因融入社会而产生了实际的效应。如果技术是新的，并因其现实态度而令人印象深刻，那么虚拟的战略就像语言一样古老。它自身就可以通过否认现实的谎言或抛弃模本的拟像，构成一个人类赞同的虚构宇宙。自诡辩派以来，人们就已经知道，语言可以在不将行动与现实联系起来的情况下肯定或否认一切事物。这就是高尔吉亚（Gorgias）在他的专著《论不存在》（*Du non-être*）中的立场。这本著作引出了三个论点：没有"无"，没有"存在"，也没有"不存在"，远早于德里达关于"药"既不是良药也不是毒药的否认；然而，如果存在是存在的，它将是不可知并且不能被思维的；即使它被思维了，无论如何它也是无法交流，无法被言说的。德里达并没有停在这条死胡同里踱步：对于它是什么，我们什么都说不出来，因为没有存在，没有原则，没有实例，没有基础，没有言说可以指涉之物。我记得解构主义关于言说和思想的宣言，作者强调："无论在哪里进行，'思想'都没有意义。"（*Positions*，1972，67）因此，对德里达来说，既没有思想，也没有言说，而先前肯定了"思想没有意义"的命题也没有意义，如果那是思想的话。再者，如果那不是思想——因为思想总是在思考着"它是什么"，那么它属于拟像，即对"它所不是"所进行的拟仿。

我们可以走出这个拟仿的圈套。记住柏拉图所说的就够了：人所面对的有两种现实：感性的现实，也就是我们日常生活中通过身体感受到的现实，这不是拟像，尤其是在身体受苦时。另一个是心智的现实，就是我们语言的现实，我们通过思想感知到，这不是幻象，即便是当它发生错误时。因此，心智是思想的条件，也是行动的条件，在思想和行动制造出现实或拟像的结果时。这就是制造虚拟时发生的情况：虚拟可以成为对模本的再现，或对拟像的拟仿。我们已看过床的模本，它被视作引导艺术家行为的理念，一方面，它制造了一个肖像，一个忠实于原本的复本，而另一方面，它制造了一个偶像，一个不需要模本就以拟像呈现出来的复本。一切现实化，无论是话语表述还是物件制造，都会出现这三个部分：理念的建模、映像的再现以及拟像的模拟。生成两种不同影像的虚拟化，总是依赖于建模的初始过程。

拟像的真实性在于，它的过度拟仿迫使观众相信其超真实性。然而，其谬误在于它对模本的拒绝，以及对因果原则的抛弃。它呈现为它自身的幻影，以一种魔术的方式，否认使它产生的原因。我们在看电影时也是这样：我们无法看到电影的创造。拍摄和剪辑融入作品的后期制作，消失于当前的放映，而电影产生的原因因为电影的激动人心而隐没更甚。让我们想想镜子的范式，德勒兹和德里达用此来为拟像的显现辩护。镜子表面所反射的影像是镜前之物的虚拟影像。爱丽丝会在镜子的另一边这样说，被反射的物体从镜子后面向我们呈现，但它是呈现在镜子表面的，没有深度。这种虚拟呈现并非是因为一个鬼魂般影像的自发显现，而是由物体的可感现实、镜子的物质现实和视觉法则的理性现实所确立的。

若非站在镜子前，我们根本无法走到镜子的另一边去，除非是在故事中。原因永远在结果之前，就像模本在影像之前一样。对于拟像先行的幻觉，正如鲍德里亚批判过的，我们必须用模本先行的现实来对比。

因此，模本有一个关于其呈现的理论辩护。菲利普·凯奥（Philippe Quéau）在其著作《虚拟：美德和晕眩》（Le Virtuel. Vertus et vertiges）这样定义了虚拟影像的本体论状态："虚拟世界是一个图形数据库，可以以三维合成影像的形式实时探测并视觉化，给予一种沉浸在影像中的感觉。"（1993，13-14）就如镜子反射的影像只能从反射它们的镜子中出现，模拟的影像也只能从计算它们的计算机中出现。菲利普在《拟仿的赞歌》（Éloge de la simulation）中引用了《神圣的比例》（De Divina proportione）的作者、绘画透视理论家卢卡·帕乔利（Luca Pacioli）的一句话："从今往后，加密线条的框架将适用于一切视觉，并组成网络。数字是艺术家所建立的宇宙的工匠。"（1986，188）1509年就已有人预见到，数字影像将要接替类比影像，并保留相同的本体论地位，也就是对心智模本的依赖。帕乔利的加密线条在今天就是计算机程序，它们开发了由计算机执行的算法操作。在像《母体》或《阿凡达》这样的电影中，可感信息由影像转换系统转换为庞大的数字编码，当光学传感器抓取了这些可感信息，这些影像实际上就不再是类比的了，和复本－肖像也不再相似了。它们能够拟仿任何形式，并臆造出最为古怪的世界。然而，拟仿——而非再造，并不能给予它们任何能替代模本的超真实性，因为模本在因果中有居先性，其本体论密度更高。

因此，拟像的终极现实并不处在感性和物质的范畴中，更不在虚构和幻象的范畴中，而是自相矛盾地处在心智和理念的范畴中。拟像的拟仿是理念建模的间接证据。我们会发现，在拟仿的外观中，解构过程的结果比建筑术的行动结果要少，而后者巩固了理念的首要地位。菲利普·凯奥凭借柏拉图的理论，强调了建模在拟仿的数字化行动中的角色："虚拟再现的远程分享（所谓的'共享的虚拟世界'）以两种方式与类比断绝了关系。首先，它使用的影像基本上都是数字式的，因为它们是从逻辑数学模本中得出的；另一方面，它已不是再现，而是拟仿。三维的'虚拟'影像不是一个已经存在的、现实的类比式再现，而是新的现实的数字式拟仿。这些拟仿纯粹是象征性的，不能被视为代表真实现实的现象，而只是作为人工窗口让我们进入柏拉图意义上的中间世界。"（1993，18）

数字图像已经取代了类比图像，比如，取代了画布和摄影胶卷的计算机屏幕，就是由数学模本所建立的。它所制造的宇宙在任何时候都不是真实的、超现实的或超真实的，至少如果人们所说的"真实"是指现象之当前存在的模式，而这模式构成了一个自治的宇宙。这些是真实的结果，其虚拟形态仍然依赖于产生它的真实原因。通过解构，人们总是可以假装摒弃对模本的需求，并且满足于随着拟像漂移。人们逃脱不了莱布尼兹（Leibniz）用这些话所阐述的充足理由律："任何一件事物，如果没有一个原因，或至少一个确定的理由，它就永远不可能产生。也就是说，任何一件事物，如果没有一个先验的理由来证明它之所以存在而不是非存在，是这样存在而不是那样存在的，那么它就永远不可能产生出来。"（*Théodicée*，I，44）然而，拟像的原因——而非其直接结果——解释了为什么我们屏幕上的拟仿影像是这样而不是那样，是克里斯蒂娜女王而不是妮诺奇嘉，而葛丽泰·嘉宝却始终不变。[1]

所以，我们不能从影像——无论是肖像还是偶像，是再现的结果还是拟仿的结果——去理解用现实编织出来的复本集合。计算机的构架是由处理运算的算术和逻辑单元、安排序列化顺序的控制单元、由程序和多种数据组成的存储器，以及输入和输出设备组成的。拟仿设计者要选择创造的合成影像是由基本三角形或复杂多边形计算得到的，然后再添加颜色和阴影，以模仿物体的体积和质材。为了强化现实的幻

1　克里斯蒂娜女王和妮诺奇嘉分别是葛丽泰·嘉宝在《瑞典女王》和《妮诺奇嘉》中扮演的角色。——译注

觉，程序员将物理定律与数学运算联系起来，创造出了计算机以数学对象的形式所理解的虚拟图像。在写作的拟像中，人们可以声称对逻各斯进行解构，以结束逻各斯中心主义的霸权。然而，世界的数字化是一种理性的操作，产生了可感的拟仿，其可理解的模本既是数学的，也是物理的。这不是围绕着虚拟的、拟仿出来的真实，也不是在互相拟仿的晕眩中围绕着其他拟像的拟像。这是虚拟的拟仿，通过终结其自身的陶醉而围绕着现实。

菲利普·凯奥以一首对模本和理念的赞歌来结束他的著作《虚拟：美德和晕眩》。在一段受保罗·瓦莱里的《固定的理念》（"L'idée fixe"）启发的文字中，他认识到所有虚拟图像的原理都是"范式，柏拉图术语"的永恒性。当作者认识到理念的建筑能力时，他把康德和柏拉图一起加了进来，从而将反思推向更远。"虚拟作品源于一个理念。范式是理念在形式和心智上的版本，是作品所有可能存在的模本的模本，也就是元模本。"（1993，200）因此，结论是禁止拟像废黜它的模本，可见的路径总是和不可见的路径相交。"范式通过影像所拥有的可理解的内容与影像相关联，而不是通过它们所展示的。但是可见之物也将我们引向这种不可见的可理解性。影像使理念登台。"（1993，206）无论那些无话可说的人怎么说，最初和最后的词还是理念。

4
艺术的破碎

　　传统社会文化是群体的整合力量，群体的成员顺从着表达其人性的宗教再现。伟大的文明使人与其同胞共享有意义的特征符号，从而加强了人与世界的象征性认同。自从 19世纪或更早开始，我们的西方文化却成了一个批评基础的文化。它不断地向人提供一套具有启发性的宗教诫命、道德要求、政治药方、哲学概念和艺术形式。但它也质疑着那些原则的合法性，好像理性担心自己来自某种杂质，想要去除这杂质。无论那些实践者如何忏悔，对逻各斯中心主义的解构都没有其他来源。在启蒙时代，达朗贝尔（D'Alembert）可以提出：理性终将是合理的。但这似乎是一种无理性在寻求合理性，以便吸干文化的多产性，并统治一片废墟般的土地。拒绝让任何艺术形式在大地生根，以及对建筑作品的否认，都是虚无主义的标志，在虚无取代存有的位置之前，许多作者就都已预感到了。

　　在那个创造力变得贫瘠的世纪里，尼采看到了上帝之死和人之死。他是在那个时代的音乐演变中觉察到，尤其是瓦格纳，就如文学中波德莱尔的那种病态一样，文明堕落的迹象令人窒息。在人们期待已久的《权力意志》一书的序言中，他预测了接下来两个世纪的历史："我描述将要到来的事情，不再能以任何其他方式到来的事情：虚无主义的来临。"1888年3月在尼斯逗留期间，他写下了这些预兆性的话："我们的整个欧洲文化已经运行了很久，伴随着一种几十年来日益增长的紧张的折磨，仿佛在奔向灾难：不安、暴力、匆忙，就像一条想要自尽的河流，不再试图回归自身，害怕回归自身。"（1976，362）尼采还强调，他总是试图回归自己，也就是说，凝视着自己过去的来源，以便更好地预测未来。

这种意欲自我终结的欧洲虚无主义，在20世纪下半叶，戴上了所谓艺术形式破坏者的面具。这和建构作品已无多大关系，却是在解构作品或删除其建筑术。在这里就不重复马克·富马罗利（Marc Fumaroli）或让·克莱尔（Jean Clair）对当代艺术的过剩所做的批判了，我想在五个方面说明其后果：诗歌语言、造型艺术，音乐、最新的艺术——电影，以及建筑。在那个时代的一份笔记上，尼采用法语引用了维克多·雨果在《巴黎圣母院》中的一句话："这一个将要杀死那一个。"这一次已不再是书籍取代大教堂、纸张文字取代石头的问题了。问题已变得更加根本：文化的建筑出现了裂口，有可能在解构铁锤的敲击下崩溃。

诗歌的"去－创造"

瓦尔特·本雅明在他 1940 年的文章《论波德莱尔的某些主题》（Sur quelques thèmes baudelairiens）中注意到，抒情诗从波德莱尔开始就失去了吸引人的魅力。对于《恶之花》的作者波德莱尔，他指出这位法国诗人把他的作品建构在"一种震惊已变成常规的经验上"（2000，340）。波德莱尔在接触了大城市中的人群后感受到了这种震惊经验，本雅明称之为"大众"或"路边的乌合之众"，而爱伦·坡已将此写在了他的短篇小说《人群中的人》（"L'homme des foules"）里，由波德莱尔翻译成法文。叙述者花了一天一夜跟踪一个特别的人，这个人焦躁不安地在周围密集的人群中寻找着什么，却不与任何人说话。他看着这些生灵，向他们投去一种呆滞、惊愕、空洞的目光，他和人与物的关系已经熄灭了。这就是被毁灭的人的现代形象。

本雅明以这种目光来解读爱伦·坡的文字和波德莱尔的诗，并强调"波德莱尔描写的是失去眼睛，也可以说是丧失了看的能力"（2000，384）。不再能看到所看之物的注视经验，与作者形容过的"艺术再造的危机"（2000，380）非常接近。因此，他引入了"气息的光晕"的概念，用来表示艺术作品中使业余爱好者抬起头来品味作品的东西。作品用其自身的高雅，将我们提升到和它一样的高度上。每一件作品都通过其独特的存在释放出一种光晕，也就是说，它是一个空间和时间的独特世界，是"对一个距离的奇观的表现"（2000，382）。然而，作品中的这个不可或缺的距离在现代性中被废除了，因为原初模本已被机械再造的影像所取代。

为了刺激熄灭的目光，震惊成了常规，这意味着光晕已经消散，于是作品也就死了。就像其他艺术形式，诗歌将不得不用新的、闻所未闻的或破坏性的镇吓，让大众听到自己的声音。如果说艺术作品已失去了光晕，而波德莱尔是第一个对此有所察觉之人，这是因为进入现代性需要付出代价，在本雅明看来，这代价就是"光晕在震惊经验中四散"（2000，390）。诗歌形式，无论是抒情歌曲还是散文诗，如今在与自身的争持中耗尽了力量。确实，作品之毁灭首先就显现在诗歌上——无疑是最为古老、最具神灵启示的艺术。荷马对一位女神发誓要歌颂特洛伊战争，而赫西俄德则让缪斯女神们召呼众神降生。

波德莱尔虽仍献身于"美"，却在《毁灭》（"La destruction"）一诗中写明，是魔鬼，而不是上帝，烧掉了他的肺，将他带向"'毁灭'的血腥器官"。兰波跟随着他，辱骂了坐在他腿上的"美"，又在《地狱一季》（*Une saison en enfer*）的第一行就呼唤起撒旦。这就是现代性在艺术方面的宣言：用侮辱或破坏等方式，与文化作品决裂，使作品再无超越性可言：为了波德莱尔或本雅明的"一个远方的显现"，斯芬克斯[1]在蓝天登基。按照兰波的说法，必须要绝对现代（absolument moderne）——虽然现代意味着"绝对"的死亡——才能使影像和词分离，然后是句法和语言。兰波的诗，虽然其建构令人赞赏，却破坏了经典的抒情性，只为了开创一种妄想的新形式，以"所有意义的错乱"来走近未知。

很快，这就会成为所有语言的毁坏。诗歌，从意象的幻觉到词的狂乱，一点点撤销着那些规则，而这些规则凭借其挑战性给予了诗歌创作的自由。我们目睹了韵脚、韵律、节律、谐音、诗节，以及韵文的消失，这条词语犁沟不再汇聚成行。一切都杂色斑驳，诗歌不再有工整的构造，也不再有建筑的结构了。我们当然都知道16世纪布莱兹·德·维吉尼亚（Blaise de Vigenère）翻译大卫诗篇所用的自由韵文，称作律文（prose mesurée），以及自拉封丹（La Fontaine）以降的不规则韵文。兰波在1873年《灵光集》（*Illuminations*）中的《航海》（"Maraine"）等两首诗中试探了这种新式自由：

银马车，铜马车——

---

1 斯芬克斯，狮身人面像。——译注

钢船头，银船头——

撞碎浪花，——

将荆棘连根拔起。

荒野之河，

退潮后的巨大车辙，

朝着东方流转，

朝向森林的柱子，

朝向两岸树木，

树枝撞上了光的旋风。

Les chars d'argent et de cuivre –

Les proues d'acier et d'argent –

Battent l'écume, –

Soulèvent les souches des ronces

Les courants de la lande,

Et les ornières immenses du reflux,

Filent circulairement vers l'est,

Vers les piliers de la forêt, –

Vers les fûts de la jetée,

Dont l'angle est heurté par des tourbillons de lumière.

　　放弃诗律并未阻止兰波在头两句七音节诗文中使用二段韵（rythme binaire），并在第八和第九句的平行中重复使用，将诗歌引向地球和海洋的斗争。最后一句中"光的旋风"（Les tourbillons de lumière）反照着"银和铜"（l'argent et du cuivre）的交错。这首诗表面上的错位实际上抵达了澄明的巅峰，仿佛这位诗人在经历了农用马车和远航船首之间的混淆之后，在特纳山上重新造出了一个美妙之境。

　　兰波的诗虽然晦涩，但在语义层面和句法层面上的表述还是清晰的。相反，诗歌在发展成自由韵文后却拆散了词（及词所展现的意象）与布局，使读者很难相信这是诗性作品。在希腊语词 poiéma 的意义上，我们不再处于创造（création）的范畴之中，而是，在较好的情形中：娱乐（récréation）；在较糟的情形中：去–创造（décréation）。娱乐将是世纪末文学运动的结果，如"水疗法"（Hydropathes）、"刺毛"（Hirsutes），或以兰波为代表的"见鬼"（Zutistes）诗社——著有手稿《见鬼集》（*Album zutique*），收录了《醉酒的马车夫》（*Cocher ivre*）或《韵脚》（*Bouts-rimés*），一条裂缝使诗的左侧残废[1]：

1　以下几首诗中出现了大量诗人自造的词以及只表现语音的字母拼写，这些在汉语中既无法翻译，也无法以汉字来表达其发音，故仅保留原文。——译注

《醉酒的马车夫》	《韵脚》
Pouacre	évitiques
Boit :	un fauve fessier,
Nacre,	matiques,
Voit :	enou grossier,
Âcre	apoplectiques,
Loi,	nassier
Fiacre	mnastiques
Choit !	ux membres d'acier.
Femme	et peinte en bile,
Tombe :	a Sébile
Lombe	in,
Saigne :	n fruit d'Asie,
— Clame !	Saisie,
Geigne.	vie d'airain.

　　无论这种对十四行诗的破坏是有意的还是偶然的，它还并没有危及诗意或语言。然而，达达主义可不再是这样——语言的去创造已成为令前卫艺术家着迷的严肃问题。当特里斯坦·查拉（Tristan Tzara），胡戈·巴尔（Hugo Ball），让·阿尔普（Jean Arp）和他们的朋友于1916年在一家苏黎世酒馆（不久以后就被冠名为"伏尔泰酒馆"）会面时，他们有了一个

挑战各种文化形式的计划。用胡戈·巴尔的话说，"我们所说的达达是一种出自虚无的插科打诨"（1916年6月12日），特里斯坦·查拉在1918年3月23日的宣言末尾中再一次说，"达达：逻辑的废除，创造之无能的舞蹈"。我举两个这种诗性舞蹈中的例子来说明在逻各斯中心主义被解构之前，废除逻辑是如何将创造之无能转变成去创造之力量的。

Le géant blanc lépreux du paysage

le sel se groupe en constellation d'oiseaux

sur la tumeur de ouate

dans ses poumons les astéries et les punaises se balancent

les microbes se cristallisent en palmiers de muscles

balançoires bonjour sans cigarette tzantzantza ganga

bouzdouc zdouc nfoùnfa mbaah mbaah nfoùnfa [...]

je lui enfonce les cierges dans les oreilles gangànfah

hélicon et boxeur sur le balcon le voilon de l'hôtel en

baobabs de flammes les flammes se développent en

formation d'éponges [...]

car il y a des zigzags sur son âme et beaucoup de rrrrrrrr

ici le lecteur commence à crier il commence à crier

commence à crier puis dans ce cri il y a des flûtes qui se

multiplient – des corails

le lecteur veut mourir peut-être ou danser

et commence à crier

il est mince idiot sale il ne comprend pas mes vers il crie

il est borgne

il y a des zigzags sur son âme et beaucoup de rrrrr

nbaze baze baze regardez la tiare sousmarine qui se dénoue

en algues d'or

hozondrac trac

nfoùnda nbabàba nfoùnda tata nbabàba

另一首查拉的诗名为《海蛇》（"Pélamide"）：词退
化成了嘶喊、鸣叫、噪声，甚至单纯的字母：

a e ou o youyouyou i e ou o youyouyou

drrrrdrrrdrrrgrrrgrrrrgrrrrrr

morceaux de durée verte voltigent dans ma chambre

a e o i ii i e a ou ii ii ventre montre le centre je veux leprendre

ambran bran bran et

rendre centre des quatre

beng bong beng bang où vas-tu iiiiiiiiupft

machiniste l'océan a o u ith

a o u ith i o u ath a o u ith o u a ith

les vers luisants parmi nous

parmi nos entrailles et nos directions

mais le capitaine étudie les indications de la boussole

et la concentration des couleurs devient folle

cigogne litophanie il y a ma mémoire et l'ocarinadans la

pharmacie

sériciculture horizontale des bâtiments pélagoscopiques

la folle du village couve des bouffons pour la cour royale

l'hôpital devient canal

et le canal devient violon

sur le violon il y a un navire

et sur le bâbord la reine est parmi les émigrantspour mexico.

　　虽然查拉提议废除写作的规则以及交流的必要性，但我们仍然可以将意义赋予没有意义的言语。因此，每个读者都可以随心所欲地对"在我房间里飞行的绿色时值片段"（morceaux de durée verte voltigent dans ma chambre）展开想象。然而，无论这种写作是无意识的还是自动的，它都无法建立在一个自主的世界上，无法像波德莱尔和兰波的诗歌那样期待读者的审美情感。特里斯坦并不是为了创作一部作品，而是为了引起轰动，炫耀诗人对其文本是否被阅读的漠不关心。瓦尔特·本雅明清楚地看到，当作品成为仇恨的"发射体"，而不是意义的给予，它就注定要造成伤害或杀戮。达达主义者们用这些对其作品材质本身造成系统性鄙陋化的"词语废料"，"无情地摧毁了他们作品的一切光晕"（2000，105）。

在他的《新诗和新音乐导论》（*Introduction à une nouvelle poésie et à une nouvelle musique*）中，字母派（lettrisme）的创始人伊西多尔·伊苏（Isidore Isou）给出了开启这种摧毁诗歌的持续旋涡的钥匙。在他眼中，波德莱尔已经打开了"为了诗歌形式而毁灭趣闻之路"；"为了韵文形式而摧毁诗歌"的魏尔伦紧随其后；然后，兰波投身于"为了词而毁灭韵文"；马拉美在逆流中着手"部署和完善词语"；然而，查拉实施了"为了'无'而毁灭词"。最后，留给字母派的，就是如实地采用"无"，以便实行对"无"（字母）的部署，创造趣闻。语言所有的古老含义都化作虚无。我们最终得到了伊西多尔·伊苏这样的一首无题诗：

Havakaîok

N (1)

Compi Kouké

Kouké

Iahalaléééé

Iahalaléééé

Iahalaléééé

Iahalaléééé. (1947，342)

　　光晕的丧失是为了加强对作品高度的震惊而付出的代价。并且，解构之路已经向曾以姿态之真实性为作品之美的造型和音乐形式打开。特奥多尔·阿多诺正是这样在他的《美学理论》（*Théorie esthétique*）中做出正确判断的，他认识到，"解体之征兆就是现代主义真实性的标志"（1974，38）。

绘画之废除

　　勒内·夏尔（René Char）在《早起者》（*Les Matinaux*）中给出这么一句令人迷惑的话："最后，如果你想破坏，那就用婚姻作工具吧。"在考虑 20 世纪下半叶造型艺术（首先是绘画）的发展时，我们怀疑破坏是否是用爱来进行的。如果婚姻工具是创造者，那么概念工具则是否定者。而这种否定已经被大量艺术家所承担，并为大多数理论家所强化，由画廊和当代艺术博物馆所传播。市场越来越富有，艺术却越来越贫瘠——这并不仅仅发生在贫穷艺术（Arte Povera）中，而且，艺术家用拟仿取代了作品的创造，眼睁睁地看着创造消失殆尽。但并非所有 20 世纪的造型艺术家都在搞拆迁工作，有一些画家和雕塑家——具象或抽象艺术的——做出了作品，并没有在实现艺术——以这个词的所有意义来说——之前，就梦想着去除作品。毕加索、布拉克、基里科（Chirico）、克莱（Klee）、康定斯基（Kandinsky）、巴尔萨斯（Balthus）、培根或卢西安·弗洛伊德（Lucian Freud）都在继续作画，并不是如莫内所说像一只唱歌的鸟那样[1]，而是像一直构思着画面的艺术家那样，构建着尊重自然的作品，不让它服从于主题的任性或概念的暴政。

我只谈西方绘画，西方绘画的目的是再现一个不在场的存有。技艺是建立在同时代的知识之上的，从文艺复兴时代的透视法到印象主义对光的分解，艺术家通过对不同技艺的掌握而模仿自然，为了再造。再造并不是机械的，用瓦尔特·本雅明对摄影革命的理解来说，它是理念的，因为它向观众提供一个用某一个理念整理过的世界。达芬奇所言的精

1　克劳德·莫内说："我喜欢像鸟唱歌那样画画。"——译注

神之事（cosa mentale）并没有在其《维特鲁威人》（*Homme de Vitruve*）中将绘画引向人的概念，而是将其引向了与艺术家眼中世界一致的人之理念。所有的创作者都在试图揭开艺术的这一奥秘。波德莱尔在其《1859 年的沙龙》（*Salon de 1859*）中揭示了"一幅好画，忠实而等同于孕育它的梦想，创造它就如创造一个世界"。藏匿在作品之中的和谐，其实就在于构成它的各种贡献的融合，就像一组叠加的画，每一层都"使其更加完美"（1966，379），从而将更多现实赋予梦想。当作品被凝视时，它就会呈现出一个世界，将我们从之前的世界中拉进去，并且自我合拢。作品从最初的空白——空白的画布、空白的纸，或无声的键盘上成型，如同变戏法一样将我们的那个现实变成非现实。

　　当代绘画脱离了再现的范畴，也就脱离了再造的范畴，首先是为了征服平面性，将深度——阿尔伯蒂的"打开的窗子"——牺牲给平面。接着，它拒绝成为肖像，即文化作品，而非文化事件，为了更符合其拟像身份。当保罗·克莱在《创作者信条》（"Credo du créateur"）中断言艺术使不可见的秩序成为可见的构思时，他知道：艺术家抛弃了创造自主世界的念头，他不能再回到形式的源头了。为了对艺术进行拟仿，艺术家的生产取代了作品的再造。然后，又放弃了宗教、神话或历史主题，并抹除了作为自然之景观的人之面容，绘画已经抛弃了主体和客体的世界。它现在只在表达一个在镜子前扬扬得意的艺术家的幻想、任性或空虚。作品被事件抹去，图画被恣态抹去，世界被生活抹去，创造被表演抹去，最终，"有意义的"被"表演性的"抹去。绘画被剥夺了建筑术的理念，接受了本雅明所称的达达主义者的废料——从平庸、无意义，走向无知、无耻或乌有，以至于艺术与作品同时消失。如哈罗德·罗森伯格（Harold Rosenberg）在《新事物的传统》（*La Tradition du nouveau*）中所说，"要成为现代艺术，一部作品并不需要是现代的，也不需要是艺术，甚至不需要是一部作品……在海滩上找到的一块木头也成了艺术"（1959，35）。

当代艺术呈现为一种游惰或灾难的艺术。我记得布朗肖在书中用过这两个词，为了表明他与存在之间关系的空虚。这种游惰是指对作品的破坏，也揭示了艺术的灾难。当让·鲍德里亚断言"当代艺术无效"，是因为它"自愿无效、无意义、荒谬。当它已经无效时，它以无效为目的。当它已经无意义时，它以荒谬为目的"（2005，87）。他注意到了在对作品、艺术和创造的三重否定中显露出来的破坏性逻辑。当对圣像及其光晕的破坏不再来自宗教或政治时，艺术充当了破坏圣像者，它们来自那些在否认艺术存在的实践中继续认领这个名称的艺术家。想一想斯蒂芬·赖特（Stephen Wright）在

2007 年巴黎双年展目录中的宣言，我们就会被说服："走向一种没有作品，没有作者也没有旁观者的艺术"。这位加拿大评论家从对我们这个时代普遍的"审美化"或"艺术化"的观察开始，看到艺术介入在公共空间中激增。谈到艺术的这种新地位，他坚决反对从文艺复兴以来艺术所依据的三个前提：①"艺术在作品中发生"；②"艺术是通过作者、他的有形存在和他的创造性权威而发生的"；③"艺术发生在同质化的观众群面前，这些观众被归在从此时起已成为复数的公众类别之中"。

木已成舟。作者将解构这三个其规范性使他不安的规则，并否认艺术家对工作的从属地位。他认识到，当代艺术，或者说无论什么顶着这个头衔的东西，是一种与范式在本体论上的断裂。艺术不再是去创作一件有待完成的作品，而是成了一个毁灭的过程，用来反叛绘画对象本来被赋予的优越地位。因此，审美必须"摆脱文艺复兴留下的那种遗产，一种在作品和艺术之间维持着骗人的连续性的范式，在不知不觉中维护着艺术的等级制幻觉，而为了作品的完成，艺术的过程却遭到了轻视"（2007）。许多当代艺术家宣称，他们不再去实现作为完成的、独立的和超越作者而存在的作品，而是将实践从完成中解放出来。用翁贝托·埃科（Umberto Eco）的理论来说，它不再是必须开放的作品，而是一个正在成为它自身目的的过程。

于是，我们看到，艺术作品不再具有任何意义，也就是说，被完成的物体或导致它发生的想法不再具有任何指向，它消失在一系列不可预见的事件中。这就是斯蒂芬·赖特所说的"物质作品的分解"，或者，用布朗肖的话来说：不是非物质过程，而是"游惰"。他以英国视觉艺术家迈克尔·兰迪（Michael Landy）2001 年在伦敦的展出的作品《打碎》（*Break Down*）中的"去（现实）"（dé[réalisation]）为例。这部作品收集了他所拥有的 7227 件物品，衣服、家具、书籍、电器、汽车，甚至是在牛津街上一家废弃的 C&A 百货公司中他的出生证明。在 15 天中，10 多名工作者有条不紊地销毁了它们，同时，艺术家将它们的名字记入电脑清单。所有物品都被压碎，碾成粉末，再将粉末封装在一个包膜中，并将包膜埋在商业街道下。迈克尔·兰迪为这个（去）装置（[dés]installation）花光了所有的钱，之后再也没有做过任何作品或有过一点儿动作，他满足于借他人之手摧毁一堆乱七八糟的东西。于是，他的解构主义目标与他所有的物品一起消失了。

斯蒂芬·赖特远远超出了艺术预设的否定，他在对作者的否认和对作品的否认之上还加上了对观众的否认。他将概念艺术恰如其分地描述为"欺骗性"艺术，因为概念艺术也一样会抑制观众。他引述概念艺术的创始人之一劳伦斯·韦纳（Lawrence Weiner）的话："我们作为实践者就是公众"，他向一种最终"摆脱了消费者"的艺术致敬，其中没有什么可看的，因为不再有窥视者了。这就是在承认，如果观众因作品的不在场而不在场，并且因为不再有画而不再看画，那么当代艺术家就用不着公众了。贝尔托·布莱希特（Bertolt Brecht）在人们投出糟糕选票时想要改变他们，而如果公众的眼光很糟糕，我们也将把他们排除。艺术支持者失去了与实际的联系，却并不担心其中的矛盾，他将观众送到巴黎双年展上去看拒绝被观看的东西，以此来为"没有观众的艺术"提供论据。斯蒂芬·赖特归根到底是在为一幅没有影像性的画做辩解，一件没有作品的作品，一个没有艺术的艺术家，以及一场没有观众的表演。还有待观察的是，视觉是否因为事实上不可见的概念而被抑制，因为它不存在，并且从来就不在感觉和美学的范畴之中？

当代艺术的悖谬，在于它漂向了概念化，以及它与过程的混淆。实际上，它不是一个取代艺术创作的审美过程，而是一个取代审美作品的概念过程。罗伯特·克莱恩（Robert Klein）在他的《艺术作品的消逝》（"Éclipse de l'œuvre d'art"）中，证实了作品死亡和放弃艺术的行为："从来就没有停止过——以这种或那种形式，在如此多连续的循环中——受到怀疑的，是价值观的体现，是纪念碑、饰品、准结构、准和谐、沉思的对象，简而言之，是作品。如果可以想象出一种能脱离作品的艺术——让我们试试——没有任何反艺术运动会对此吹毛求疵。人们要的不是艺术，而是艺术品。"（1970，407）然而，艺术家和概念批评家要打倒的不仅仅是作品、创作者和观众，即结合着现实的艺术经验，还有一直经历着作品、创作者和观众的艺术本身和艺术史。

当姿态和事件戴起概念的面具来掩藏形式的缺失时，一切都成了表演性的说明对象。好吧！就这样吧！有人宣布像这么个平常的东西，一块小石子，一堆渣滓，甚至是对象之不在场——没有形式也没有物质——也是艺术，甚至，对苏黎世的达达主义或纽约的激浪派来说，非艺术就是艺术，而艺术就是非艺术。对已逝的绘画的追思取代了作品。在这种与艺术品断绝关系并摧毁它所展示的世界的迫切需要中，罗伯特·克莱恩认识到了艺术自杀的欲望和某种宗教的危机，因为这证实了一种对化身的拒绝。在这种断绝中，我们可以看到对古老的客体崇拜的否决，也可以看到对新的主体崇拜的臣服。

在当今所有的星光都被禁止之时，我们是否该谈谈作品不再回归的消逝，或艺术无助无解的灾难？阿伦·卡普洛（Allan Kaprow）——"偶发"艺术的发明者，把赌注押在了第二种假设上，他预测"'艺术'这个词很可能会成为一个没有意义的词"（1966，114）。

调性之废除

2012年12月20日，法兰西学院邀请作曲家热罗姆·迪克罗（Jérôme Ducros）为卡罗尔·贝法（Karol Beffa）讲坛做一个讲座：《无调性。然后呢？》。这位音乐家考察了西方音乐自十二音体系、序列主义和后序列学派以来的演变，并在钢琴上演奏了一些古典和当代作品加以阐明。他的结论是，如果无调性产生了什么非凡的作品，那就是陷入僵局，因为，一个世纪以来，这一危机四伏的潮流陷入了一种墨守成规，开辟不出任何新的道路。热罗姆·迪克罗强调指出这一矛盾——革命成了保守：如果音乐的现代主义，就如在其他艺术领域中那样，是对规范（在此即调式）的拒绝，那么当现代主义成为规范时，还有什么可提出的呢？他提出要回归调性音乐，或新调性，如勋伯格（Schönberg）在1934年所指出的那样：有调性的音乐总是会出现的，因为听众总是喜欢大众音乐。这次演讲在音乐圈、媒体和互联网上激起了罕见的激烈反应。法兰西学院的教授们将这位钢琴家称作异端分子，无调性音乐的支持者不惜对他发起人身攻击，称他是反动派和修正主义者。这场音乐争论就如18世纪的"喜歌剧论战"[1]，成了一场真正的政治斗争。

学院派音乐的发展，让19世纪的欧洲作曲家扩展了调性的领域，将不协和整合到一个越来越鲜明的半音音阶中，勋伯格称之为"全半音"（total chromatique）。我们知道，调性是从基本频率（即调性中心）开始对音阶中的音程进行编排，为所有的音划定等级的。于是，音乐作品便如一个基于三根支柱的稳定架构：主音，属和弦（五度），以及下属和弦（四度），这些产生七度音阶的完全和谐和弦，由五度圈（五度循环）控制从一个调性转到另一个调性，无论是在古典音乐还是爵士乐中。当勋伯格在他1908年的作品《第二弦乐四重奏》（作品10号）中决定"中止调性功能"以使音阶同质化时，他实现了不和谐音的解放。

对这位维也纳作曲家来说，和谐与不和谐并不是相反的音乐实体。它们是相同音级的不同阶段，和谐音来自最接近根音的泛音，不和谐音来自最远的泛音。于是，十二音体系给予同一半音音阶中的两个音相同的地位，取消了它们的自然音级。1911年的《和声学条约》（Traité d'harmonie）以相似的方式提出了一种"和声的民主"——新系统不再接

1　喜歌剧论战（querelle des bouffons），又称"丑角之战"，指从18世纪50年代初开始，因政治变化和激烈的思想讨论所引发的一场歌剧论战，歌剧庄严和悲剧的过去与小丑式的闹剧和情感进行了对峙，本质上是意大利歌剧与法国歌剧的对立。——译注

受任何旋律或和声的特权。为了避免音的混乱，十二音体系作曲家指定了十二个音的音列，对其进行三种操作：反向，从右到左反转原始的音列；颠倒，改变音列的上行或下行方向；反向颠倒，从右到左反转颠倒的音列。在用到其他十一个音之前，这十二个音中的任何一个都不会重复。

虽然勋伯格对"革命"这个词提出了质疑，并用序列主义形式的十二音体系结构取代了调性结构，他的系统仍被一些负面选择所支配：没有调性，旋律消失，有规则的节奏被抑制，以及和声的去除。他的继承者则更为教条，写出一种与过去完全割裂的音乐。毫无疑问，解构音乐遗产，比建立一种具有解放性的音乐，进行得更为坚决。皮埃尔·布列兹（Pierre Boulez）对此表示同意，他在《基准点》（*Points de repère*）中说："作品不再是从'开始'，经过某些曲折，走向'结束'的定向构架；边界是有意模糊的，聆听的时间变得无方向——时间的泡沫，如果你愿意的话。"（1981，178）热罗姆·迪克罗在演讲中没有谈及任何其他东西。但是，音乐爱好者能否满足于"时间的泡沫"，迫使自己进行一场粉碎的聆听，在没有引导音乐的动向时，还能感觉到快乐，感觉到音乐的完成？在没有底音中心的无调性乐曲中，听众无法预料到将要听到的声音，因为在这一连串的音程中没有潜在的解决。我们听着一种中断的美学，禁止耳朵

去等待与前一旋律或与和声相关联的新的音乐表达。这是
无调性的无法承受之轻。

问题并不在于美学，而在于音乐的本体论。无调性音
乐的关键在于它是一种离散的音乐模式，从一个起点开始
写作——奠定调性的主音，声音按照一定的秩序自然发展，
以及结束的要求——揭示作品意义的纯和弦，就如特里斯
坦[1]的最终和弦解决了前奏中的挂留和弦那样。由于我们的感
觉运动能力，无论耳朵是否倾向于重建音调中心，都会有一
种对建筑术形式的拒绝。皮埃尔·布列兹在论战中为抛弃结
构形式辩解，强调思想是一连串的，这为他的当代音乐提供
了理论：一连串的思想是"对经典思想的全面对抗，经典思
想实际上想使形式成为一个既存之物，以及普遍形态。在这
里，没有先入为主的音阶，即普遍结构，能植入一个特定的
思想。相反，每当作曲家的思想必须表达自己时，它就会使
用一种确定的方法来创造它需要的对象，并组织出这些对象
所需的形式。经典的调性思想是基于以万有引力和吸引力定
义的宇宙，而序列性的思想是基于一个永远在扩张的宇宙之
上的"（1966，297）。

1　特里斯坦和弦（Tristan chord）是瓦格纳的巅峰时期的歌剧《特里斯坦与伊索尔德》
（*Tristan und Isolde*）中频繁使用的一个和弦。它第一次出现在序曲（Prelude）中的第二小
节第一拍上。——译注

4 艺术的破碎 / 151

这种所谓的扩张与耳朵所期待的保持是相矛盾的，就像
绘画的景象一样，完成一件作品，就是赋予了其开始、发展
和结束。如果音乐中不再有等级音阶和普遍结构，那么，在
没有任何终结指向的情况下，音乐爱好者要如何欣赏一系列
音符呢？这当然是由作曲家排列的。整体序列音乐的声音素
材是支离破碎的，因为没有方位标志而是离散的——德里达
会称之为扩散的（disséminée）——甚至是暂时性的，在其
中，通过唤起一个音调中心，让耳朵在乐曲粉碎的暂时性中
辨认一种感觉。弗朗索瓦 – 伯纳德·马奇（François-Bernard
Mâche）为当代音乐宣告的独立感到遗憾，这给他带来的绝
非快乐，因为它遮蔽了"一个更根本的愿望：与宇宙的有机
联系，或至少与群落生境的有机联系"，能让我们听到人体
的感觉和运动的现实（1983，114）。这是指承认音乐作品在
建筑术上的要求。这位作曲家毫不犹豫地主张：对于欧洲音
乐，应该"寻找共性，这在其作为西方种族中心主义的表达
形式出现时就已经被丢弃了，当知识的碎片化将人的形象分
解成多种断裂的外表时，这将重新变得令人向往"（2001，
257）。我们看到解构主义总是攻击理性的逻各斯中心主义
模式，而这本来就是为了迎合欧洲中心主义所犯的错误。

无调之音乐加入了与无绘之绘画相同的当代问题之中，
用过程——在不连续时间中的自我破碎，替代结构——连续

时间中的安排。音乐的一种点画法禁止听众记得流逝的音符，禁止对未来音符有所期待。我们的生命追寻着未来不断变化的过程，生命中的时间却被一个分析性的空间所取代，犹如用总谱掩盖了聆听。我们可以理解，如布列兹自己所说的那样，序列主义是对古典主义的"全面对抗"，一种新调性音乐有权对序列主义提出部分反对，而不就此否认它在探索中所做的贡献。它实际上是当代音乐的自然演变。它并没有停留在勋伯格、韦伯恩（Webern）、布列兹或施托克豪森（Stockhausen）那里。勋伯格在他后来的作品中也重新引入了调性中心，并希望有一天有人会用他的旋律吹口哨。

贝拉·巴托克（Béla Bartók）的"轴向"（axial）系统是基于一个三全音（与主音距离两个关系调音程）的音程上的，他拒绝跟随序列主义，虽然他对半音主义很有兴趣。他不仅没有解构自己作品的调性和建筑术，而且还建造了复杂的结构，特别是在他的四重奏中。《为弦乐、打击乐和钢片琴所作之曲》第一乐章的 89 个小节就是这样建立在黄金分割之上的，以第 56 小节为中心，这对应于音乐运动张力的最高点，然后乐团将声音密度降低到单线旋律，直到沉默。这部作品的旋律与和声形式，如其节奏结构一样，完全对应于起自文艺复兴、建立了黄金分割的斐波那契数列。巴托克的作曲还使用了欧洲音乐的规范形式，如赋格曲或奏鸣曲。

　　其他更晚近的作曲家也受过序列主义的训练，他们主张回归调性、旋律、和声和节奏。理查德·罗德尼·本内特爵士（Sir Richard Rodney Bennett）是布列兹1957年至1959年间的第一批学生之一，他先是创作了一些序列主义作品。然而，他在其合奏作品、歌剧、合唱或圣歌音乐，特别是电影音乐（包括著名的《东方快车谋杀案》配乐）中回归了调性。在职业生涯的下半部分中，他毫不犹豫地为纽约酒吧中的爵士歌手伴奏，并作为钢琴家和歌手录制了乔治·格什温（George Gershwin）、理查德·罗杰斯（Richard Rodgers）、哈罗德·阿伦（Harold Arlen）和斯蒂芬·桑德海姆（Stephen Sondheim）最好的弦律。人们不会忘记极简主义音乐，如迈克尔·尼曼（Michael Nyman）、约翰·亚当斯（John Adams），特别是菲利普·格拉斯（Philip Glass），他尽管在年轻时投合了序列主义，后来还是找回了有规则的节奏。斯蒂夫·莱奇（Steve Reich），音乐相位（phases）或相位调整（phasing）的创始人之一，向卢西亚诺·贝里奥（Luciano Berio）学习了无调性音乐，对序列音乐的统治发起了挑战。他在著作《关于音乐的写作和访谈》（Écrits et entretiens sur la musique）中坚定地说："节奏和对明确定义的调性中心吸引力的需求，将重新成为音乐的基本来源之一。"（1981，73）

克劳德·列维-斯特劳斯在《生食和熟食》（*Le Cru et le Cuit*）中列出了摒弃调性的后果，并强调了在音乐中按"物理属性"建立"等级结构"的必要性（1964，30）。他批评序列主义试图"破坏一个简单的组织"，这一组织本是基于人与自然在声音材料上的和谐，而理论家们用强行制定的抽象代码将其取代，致使听众接收不良。通过消除了调性——这一对列维-斯特劳斯来说"天然"和普遍的音乐之锚，序列系统不是建造了比旧船更强大的新船，而是将船从其音乐的锚点切断，却不给它一个航向。"无帆之船，其船长厌倦了做浮桥，想要冲进远海，他暗自坚信，只要使船上的生活服从于一种精细的规程，便能使船员从思乡之情中转移到船籍之港，转移到对目的地的关切之中。"（1964，33）

没法说得更好听了。就像一个人沿着一条线从出生走到死亡那样，音乐沿着一条声音的线从原点走到终点，或从一个驶过的港口开向下一片期待的海岸。有人却将赌注押在了序列主义上，正如列维-斯特劳斯指出的那样：为了使当代音乐流行而将听众与作曲家之间的差别消除了。然而，这场持续了一个世纪之久的赌局却绝没有赢。勋伯格指望靠和声的民主化来使废除音高等级的做法合法化。可对民主行得通的办法，在音乐中却不一定行得通。序列音乐、具象音乐、频谱音乐、机遇音乐、电子声学音乐、概念音乐或电脑音乐作品都具有无调性的性质，都没有流行起来。在这个星球上普及开来的几乎所有音乐都从调性中来，无论是古典、爵士、摇滚、朋克、巴萨诺瓦、萨尔萨、科技音乐或世界音乐。实验音乐的拥护者确实有理由指出：正在被创作、演奏和聆听的音乐始终是属于其时代的。但他们忽略了这一点：这项规律不再适用于 20 世纪和 21 世纪的学术音乐。它一直是一小撮作曲家、音乐家和评论家的自留地，况且，他们有更多机会去演奏和聆听调性音乐。

我们要弄清楚的，正是这种序列主义的智力观念和听众的感官知觉之间的断裂。在音乐会和歌剧中，在广播、电视和互联网上，从未有过如此之多的、前几个世纪所创作的调性音乐。比起布列兹或贝里奥，现在对巴赫的演奏和传播仍然多到无法想象，而在门德尔松的时代，情况却并非如此——这位《平均律钢琴曲集》的作曲家直到门德尔松的时代才被重新发现。哲学家和音乐学家丹尼尔·查尔斯（Daniel Charles）虽然对有时苍白的当代音乐挺有好感，如约翰·凯奇（John Cage）那完全沉默的三个作品：《4'33'》《0'00"》和《0'00"2》，但他也主张"后现代主义与解构主义已经结束：从 2000 年起，这已是结构主义的时代了"（2001，39）。

电影的两种影像

在摄影首次实现了对世界的机械复制之后，电影艺术通过加入虚拟运动，加深了影像的写实主义。瓦尔特·本雅明指出，视觉艺术的地位已被打乱：由于多重的展示，作品已经丧失了独特的光晕，因为拷贝可以无限制地增加。它们总是按照柏拉图所区分的两种类型的影像而增加：一种是与模本之现实相连接的肖像，另一种是与模本和肖像已经脱离了的偶像。拟仿取代了再现，而拟像便释放出了它的消极力量。因此，德勒兹在 1983 年的《电影 I：运动 – 影像》（*Cinéma. 1.L'Image-Mouvement*）和 1985 年的《电影 II：时间 – 影像》（*Cinéma. 2.L'Image-Temps*）中以两种形式的影象来分析电影艺术，这也就不令人吃惊了。

与他早期的文本不同，作者不再使用"肖像"和"拟像"这些术语，而是对与它们相应的两种电影影像做了比较。第一本书考察了"影像运动"（image-mouvement）的本质，"影像运动"在词源层面上准确表达了电影（cinématographie）的意思，也就是"关于运动的书写"。直到所谓"现代"的电影风格出现之前，经典电影大体上都是对一系列有序的运动影像进行记录，然后投影出来。观众所面对的是一个纯粹的运动，用固定的摄像机拍摄运动的物体，如《火车进站》，或是由移动的摄像机拍摄，然后按照某种意图将拍下的影像剪辑连接起来。

影像运动是第一个再现现实的影像游戏的例证。它们的作品——格里菲斯（Griffith）是其在好莱坞的发起人——定义了"一个有机的统一体"，因为，在蒙太奇的作用下，影像被串联成了一个整体——德勒兹以柏拉图的方式将其等同于"影片之全部"——或被视作时间之间接影像的"理念"（*Mouvement*，46-47、243）。银幕上的运动通过感知进入观众心中，使其感受到叙述的时间性。实际上，影像运动是从一个对其他影像排序的中心产生的，类似于音调中心规定着音乐的和声及和弦。经典电影所做的不外乎制造了各种各样的影像运动：影像－感觉、影像－感情——当其是人脸时就被称作"肖像"（*Mouvement*，156）及影像冲动和影像行动，从而获得了"有机的伟大再现"——德勒兹沿用了这个对爱森斯坦（Eisenstein）来说适用于格里菲斯的术语（*Mouvement*，246）。

于此，我们处在柏拉图的肖像及再现的领域中，甚至是对应于作品建筑术的"有机"之中。事实上，影像运动在传统电影中产生了德勒兹在谈及沟口健二时所称的"宇宙线"（*Mouvement*，264）。宇宙线是连续不断的关联，由不同序列的蒙太奇组成，比如将这座房子与这条街连接起来，这条街与一个湖泊连接起来，湖泊连接到山，山连接到森林，最终将人与世界连接起来。也就是说，影像运动在其引导的叙述中，在一系列有机连接的镜头中从起点走向终局。这两本书中反复提到的阿尔弗雷德·希区柯克在《迷魂记》中达到了顶峰，为德勒兹体现着经典电影的完美。"可以说，希区柯克成功了，他将影像运动推到了极限，实现了至高的电影艺术。希区柯克实现了电影艺术，包括电影中的观众和精神影像中的电影。"（Mouvement，276）

有意思的是，德勒兹又要影像运动的大师来挑战其主导地位，并转到了他所谓的"时间影像"、第二种电影艺术的影像上。据他说，这源自一场再现的危机，其开端正是由《惊魂记》的这位导演带来的，是他将影像运动推到了一个不可逾越的极限。是什么使新影像出现在银幕上？作者参考了1948年前后的意大利新现实主义、1968年前后的法国新浪潮，以及 1978 年前后的德国电影。据德勒兹说，影像运动的危机源于一些电影的出现，它们使人物之间的关系、故事的统一性和作品的有机结构变得"贫瘠"。影像变得分散，宇宙线渐成丝缕，毫无目的的漫游取代了关系密切的行动，生活被简化为陈词滥调，现实呈现得漏洞百出，而故事的线索、人物、武断设置的地点，以及断裂的时间，都松懈到了几近消失的程度。

这就是时间影像，其"分散和空洞的现实"（Mouvement，285），与《罗马，不设防的城市》中人物被打断的相遇一起，证实了"整个组成运动影像的感觉运动连续性"的衰退（这是这两部作品的中心主题）（*Mouvement*，287）。通过去除运动影像的优先权，时间影像展示了电影在普遍意义上的解构，并由此解构了现实。德勒兹在《时间－影像》中不厌其烦地回到这一点上，提到"感觉运动状况的崩溃"（*Temps*，21、167、316、334）、"感觉运动性的倒塌"（*Temps*，276），或运动影像模式的"破产"（*Temps*，135）——这从"内部开始破裂"，以至于使再现成为"废墟"（*Temps*，58、257）。新影像出现在过去影像的瓦砾之上；此外，它还有意地摧毁运动影像，以便取而代之，因为"运动序列的衰弱、脆弱的关联，有益于释放巨大的解体力量"（*Temps*，30）。经典电影为了"再现"一个虚构的现实，追随着一条结构紧密的情节线索，人物关系严密而有逻辑性，而现代电影对此则无所事事，除了"拟仿"自己的紊乱之外。我们想起《狂人皮埃罗》中安娜·卡里娜在海边的游荡，她重复问了三遍："我该怎么办？我不知道该怎么办！"

两种影像的平行关系是惊人的。运动影像就如柏拉图的肖像，在一个重力中心之上整理出一种"真实叙述"，使我们能听到模本，其中的"有机成分"（*Temps*，40）根据明确的规则建立起一个连续的世界。相反，时间影像以拟像的模式，发展出一种"伪造的叙述"，释放——按照德勒兹在《意义的逻辑》中采用的表达——"一种虚假的力量，取代和废黜了真实的形式"（*Temps*，171）。时间影像的光学和声学描述强调着其纯度和自主性，因为它解除了先前和后继的影像之间的联系。简单说，以观众身体的感觉和运动习惯而言，如果说运动影像是朝向其"完成"的方向而进行的，德勒兹写道，时间影像却是由排除了意义风险的、故意的"虚假关系"与其他时间影像连接起来的。

这便是作者所称的时间影像的结晶政体——相对于运动影像的有机政体。如万花筒一般，结晶影像散布着虚拟的拟像，在现实的连续进程中并不变化分解。德勒兹以让-吕克·戈达尔为例，将这种无中心、无机的影像与无调性音乐做了比较。对《精疲力尽》的导演戈达尔来说，影像变成了"序列的、无调性的"（*Temps*，238），而在如阿伦·雷乃、安德烈·泰希内（André Téchiné）和罗伯特·布列松这样的当代电影人的作品中，一般都可以看到"一种序列或无调性的电影"（*Temps*，279）。德勒兹将时间影像推到其能见范围的极致，取消的不仅仅是镜头的连接，更是在参照实验电影尝试时取消了屏幕、胶片，以及如菲利普·加雷尔（Philippe Garrel）的作品那样被白屏幕和黑屏幕所替代的影像本身。

从运动影像到时间影像，这种突变是彻底的。观众不再目击一场真正的电影，而是置身于"一场只在眼皮后面的大脑中发生的虚拟电影"（*Temps*，280）。在现实面前，电影变得有气无力，因为这种退缩成概念状态的时间影像就如某些当代绘画一般。德勒兹称赞这种思维影像的特征是"智力电影"，而非"物理电影"（*Temps*，265），并把时间影像的连续进行比作他发现的一种大脑机制，例如在雷乃的作品中。这些新影像肢解了动作和身体，并不能在银幕上引起任何进一步的动作。我们无法与安迪·沃霍尔 1963 年的默片《睡眠》距离更远了，这部电影用 5 小时 21 分钟的时间，以一系列固定镜头来展示诗人约翰·乔尔诺在睡觉。德勒兹在此敲响了传统电影的丧钟，然而，他又在同一本书中断言：这提升了"经典影像的辉煌"，希区柯克已将其送上了"逻辑的完美"（*Temps*，50、362）。

这种放弃现实，将电影拍成肖像形式的原因，已在第二章的结论中给出了。"必须放弃影像 - 运动，即电影在一开始从运动和影像之间引入的联系，以释放它所保持的其他次要力量"（*Temps*，345）。这些之前从属于物体运动的力量，德勒兹写道，会成为"投影"和"透明"。这是由拟像扮演的虚假力量，拟像使其否认现实的所有支撑，无论是相机、胶片，还是屏幕以及其垂直性的特权。时间影像的投影将展示的是一个失去方向的空间，观众将迷失在不讲述任何故事的、偶发的角度变化之中。"人类直立的姿势"（*Temps*，

349）将因此而被质疑，就像一个空间的方向那样，这空间最终不仅将以自身替代其运动，还将替代时间。

当把人类与世界连接起来的所有感官和运动之间的联系都被解除、破坏和毁灭时，我们还能怎样想象一种身体的电影呢？德勒兹通过对这两种影像的分析，继续着这一颠覆现实和破坏叙述的工作。他用了一种与影像-时间脱节的思想，来反对与影像-运动结合的思想，从而绝杀了影像树系和滋养它们的汁液。人们可以怀疑他赋予影像在电影院里拥有的概念性影响力，怀疑他的时间影像除了切断与现实的一切联系外一无是处。作者同意："现在，视觉影像已经放弃了它的外观，它已经与世界切断了联系，并征服了它的反面，它已经摆脱了依赖它的东西。"（*Temps*，328）如果这种无理性的中断——即与一个中心之间联系的断裂，无论是音乐中的音调，还是电影中的视觉——是后现代性的标志，那么，德勒兹可以如此总结：弥散和无时间性的影像是"一种普遍的序列主义"（*Temps*，361）。然而，一切中断，即便它已经征服了自己的对立面，都还是有一个缺陷：为了赢得自主地位，它丧失了自然的景观和人类的观注。比起电影放映机总是能够呈现的运动-影像，时间-影像的命运将会怎样，会因为没有什么可以展示而变得更纯粹么？在德勒兹的眼中，也许《去年在马里昂巴德》或《莫里埃尔》是智力性或概念性的电影；那么，又如何解释雷乃为什么在《法国香颂》和《严禁嘴对嘴》中放弃了这种趣味呢？

德勒兹不曾留有经典电影中的怀旧之情么？那种表现的艺术，而非模拟的艺术，那种叙述的逻辑，而非弥散的逻辑，那肖像的光辉状态，而非拟像的明暗对比。在德勒兹的第二本书《影像的组成部分》（*Les composantes de l'image*）的最后一章中，他引用了格里菲斯、爱森斯坦、马穆利安（Mamoulian）、朗（Fritz Lang）、霍克斯（Howard Hawks）、库克（George Cukor）或曼凯维奇（Joseph Mankiewicz）的作品，而不是戈达尔或杜拉斯，仿佛经典形象重新在他的眼前显灵，作为最初的悔恨，或最后的告别。

建筑的解构

保罗·瓦莱里在《尤帕里内斯，或建筑师》（*Eupalinos ou l'Architecte*）中认为："在所有行为中，最全面的是建构。"而读一读后现代建筑理论家我们却会发现，似乎在所有行为中，最片面的就是解构。解构的浪潮并没有摒弃建立文明和人性模式的至高艺术。瓦莱里，甚至还有维特鲁威，都不可能想象那些建筑师会应用德里达和那些法国理论的美国信徒的论点来解构他们的艺术。第一次以"解构主义建筑"为主题的展览于 1988 年在纽约现代艺术博物馆举办，策展人是马克·威格利（Marc Wigley）和菲利普·约翰逊（Philip Johnson）。在这场运动最有影响力的建筑师中，我会记得弗兰克·盖里（Frank Gehry）、雷姆·库哈斯（Rem Koolhaas）、丹尼尔·里伯斯金（Daniel Libeskind）、伯纳·楚米（Bernard Tschumi），特别是与雅克·德里达合作的彼得·埃森曼（Peter Eisenman）。埃森曼以其概念性的研究、雄心勃勃的项目（13 座编号的住宅系列，楼 1 于新泽西，楼 2 于佛蒙特），及"加的斯的瓜尔迪奥拉住宅"（1986—1988）的概念而为人所知。瓜尔迪奥拉住宅是一个八度倾斜的 L 形立方体，在沿斜坡下滑倒塌时将会留下痕迹。建筑物内的一切都是悬伸式的：不透明的墙壁阻挡了大海的景色，窗户开在地板上，分不清是地面还是天花板。漫画爱好者可以从 1944 年鲍勃·凯恩（Bob Kane）的《蝙蝠侠与罗宾》的《歪屋》一集中认出这座上下颠倒（topsy turvy）的解构主义住宅。不用说，瓜尔迪奥拉住宅并没有超越画稿的阶段。

德勒兹选择了影像的分离而损害了其表达，彼得·艾森曼（Peter Eisenman）沿着他的谱系，又强行将建筑形式与其建筑学功能分离开来。他使用出自哲学和语言学的概念，如"文本"（texte）、"痕迹"（trace）、"移植"（greffe）和"间质区域"（espace interstitiel）来定义新的空间轮廓。人们发现德里达对在场的本体论批判否定了能为人类提供家园的统一世界的模型。这个碎片化的人不得不与他能够生存的建筑空间的中心分离开来。艾森曼无情地摧毁了这些传统概念：中心、等级、秩序、方向，并拒绝了柏拉图在《蒂迈欧篇》中五个多面体的模本——这排列了宇宙的物理结构，在勒·柯布西耶（Le Corbusier）的作品中仍然存在。解构主义的观点再一次用错位的拟像取代了建筑观念，因为，根据艾森曼的说法，"一旦符号所代表的现实已经死亡，它便开始自我复制或模拟。"

建筑的拟仿宣称要结束对称性、理性和对自然的模仿，粉碎几个世纪以来"永恒、有意义和真实"的经典作品。概念分解的过程有三个目标：消除结构与其再现之间的相似性关系；将建筑师的创作从建筑物的目标中分离出去；终结建筑与人之间的基本关系。这场革命的理由在于对逻各斯中心主义的习惯性拒绝，逻各斯中心主义已变成了原初中心主义（archéocentrisme），而逻各斯，即理性，已不再是原初的了，而是成了一种被拟像所取缔的意义模本。借用语言学术语，我们可以这样说：因为建筑的能指已体现在要进行解构的结构中，所以它无法再从属于人类学的意义。的确，人必须被驱逐出他所居住的地方。

在这种对建筑的解构中，就像在其他艺术中一样，创造性行为从属于已成为其智力保证的话语，而不是作品之实际，无论是已经建造好了的，还是仍处于计划状态的作品。与对其所知的抽象思考相比，真实的居住环境反倒成了边缘性的了，不再是一种有形的结构，而是一种概念性的话语。正如彼得·艾森曼把这个词放在东西之前："桌子，是一个概念，但也可以是用来吃饭的地方。"因此，解构的计划一方面包含着否定传统建筑的原则（建筑的稳定性、元素的秩序、地位的等级、设计的中心性、整体的平衡），在另一方面，又因其提出的形式之不稳定性和空间之突兀性使居住者迷失方向。

规划房屋运动仅仅通过其设计过程就去除了对于永久性作品来说意义重大的依赖关系。这在以前显然是不可能的，除非有一场地震摧毁建筑物，否则，由于缺乏物理现实，这一运动只能成为一种概念性的幻想。建筑师使用解构主义概念，无所顾忌地根据物理定律和几何规则来构建其对象，以理论方式对形式的改动进行讨论。建筑不再是作品而是概念，不再是现实而是幻象，不再是完成而是宣告。只要看看建筑学解构主义的文本就能察知，他们对建筑物的有形结构兴趣甚少，无论是潜在的还是实际的兴趣。他们的思索都聚焦于哲学、符号学和社会学的考量，与建筑场地之实际、使用材料和要担当的功能都无关。

最有揭示力的证词就在杰弗里·基普尼（Jeffrey Kipnis）和托马斯·利泽（Thomas Leeser）于1997年合著的《子宫

间 L 作品：雅克·德里达和彼得·埃森曼》（*Chora L. Works: Jacques Derrida and Peter Eisenman*）中；书中附有德里达于 1986 年和 1989 年写给埃森曼的两封信。彼得·埃森曼、伯纳德·屈米（Bernard Tschumi）、杰弗里·基普尼、托马斯·利塞和雅克·德里达谈论了巴黎维列特公园（Parc de la Villette）中"未建造的花园"，一座实际上从来也没有实现过的花园，因其设计者禁止它成为现实。讨论的抄本是一堆拼贴在一起的文字：有关维列特的地势、草绘设计图，以及图形或文学片段，并按照《蒂迈欧篇》中"子宫间"（chora）的概念，引用了大量赫拉克利特、焦尔达诺·布鲁诺和詹姆斯·乔伊斯的话语。柏拉图的模本，即理念在其上留下标记以建立宇宙的原始母体，几乎不可能与对空间的解构性利用有任何相似性。无论如何，我们在这个夭折的、没有花园的花园项目中发现了一个已在其书面追忆中枯竭耗尽的幻觉记忆。参与者所指的动态活动空间被简化成了一种谈论的静态空间，与场所的实际情况毫无关系。正如维列特公园的总裁塞尔日·戈尔德贝格（Serge Goldberg）日后所说的那样："我不认为他们曾经有过建造花园的打算。他们要做的是出一本书。"当建筑成为概念和建筑文本时，住房就不再可能。生活在写作空间里的是文字而不是人。

就像在观众的感觉运动模式的残余中增生的时间影像一

样，建筑学概念影像同样会破坏居民的感官和运动的真实性。
破碎的形式被胡乱地描述为分形、截断和错位的空间，混沌
的几何形状、错开的门面、不对称的窗户、死胡同式的通道，
规划建筑的所有元素都在以拒绝建筑连续性的方式使感官的
断裂感倍增。这种解构的暴力不单单影响着居住的状况。它
还危及了用户可能会对其形成的感知，而这不符合建筑师的
设计。伯纳德·屈米声称已经引入了"建筑机制中的暴力概念"
（1994，132），并承认了他对去除作品的喜好："我自己的
愉悦从不是通过观察建筑、历史杰作或现实中的建筑物获得
的，而是通过拆除它们获得的。"（1994，210）在对作品、
人类、住宅和居民发起攻击之后，解构主义又开始反对自然
的构造和建筑力量：重力、垂直、连接、比例、对称，而个
人的感知和运动机能正是由这些力量所支配。世界的物理结
构和人的物理结构都惨遭蹂躏。

在建筑中产生的东西已变得破坏性极大，以至于艺术只
能接受在抽象思维中自我废除。我想用德里达于 1987 年《为
测量而测量：建筑和哲学》（*Mesure pour mesure. Architecture
et philosophie*）序言中的文字来做一个最后说明。作者在 52
条格言中提出"前言的拟像"（格言 7），因为"除非是其
相反物的前言，否则就没有解构的前言"（格言 15）。这个
没有前言的前言，其主题是什么呢？关于建筑——作为"一

个无法解读和未来的项目，一个尚不可知的学派，一个有待定义的风格，一个无法居住的空间，一种新范式的发明"（格言9）。因此，哲学写作将如这个建筑项目一样难以解读。格言21非常简短地陈述了其自我否定："这不是一条格言。"解构主义并没有被剩下，因为它自我毁灭了。一方面，格言28提出"去解构被称作'建筑'的人造制品（artefact），这可能就是将其看作人造制品的开始"，这表明对作品的解构是可能的。然而，格言38回答："没有解构性的计划，没有要进行解构的计划。"就如一座解构主义的屋子让其居民迷失方向那样，这篇破坏性的前言让读者认为，建筑的解构既不是一个计划，也不是一个与解构主义哲学相同的成就。德里达自己也同意他在格言30中采用了双重否认的主题："一个机构的架构——例如哲学机构——既不是它的本质也不是它的属性，既不是它的特性也不是它的偶性，既不是它的实质也不是它的现象，既不是它的内部也不是它的外部。"

格言44是该系列中最长的，揭示了解构主义之颠覆的真正目的。它以脱节和矛盾的格言形式出现，在原始 – 覆盖（archi-tecture）和原始 – 讲述 中拒绝了"原则"（principe）——原初——的首要地位。"如果建筑是由言语（logos）主导的，那么格言那既规范又完整的特性将见证这种建筑的逻各斯中心主义哲学赢得胜利。"为什么要牺牲作为"言语"和"中心"之同谋的格言风格，以加强被视作建筑师之创作的控制操作？德里达想起，柏拉图从建筑师对待建房屋住户所持有的权威中得到启发，在政治学中使用"建筑术"一词。建筑术决定了作品对参观者和使用者的影响力。它一直表达着受某种模式支配的思想和行为，而需要去除的正是世界的这种模式化。德里达并没有弄错对手："格言指挥着，它开始并终结：建筑术，原始－末世学（archi-eschatologie）和原始－目的论（archi-téléologie）。它集聚于自身，安排草案、方案、管理和实施。"因此，重要的是要去除作品和作者的格言——言语的同谋，同时，继续使用它，以保留要摧毁的材料。格言48暗示了建筑学解构可以是什么，起码在它的发生之处："解构主义应该先解构——顾名思义——建构本身，结构或建构的主旨，其图式，其直观和概念，其修辞。"

如果解构既不是一个方案，也不是一个现实，而只是一个词——顾名思义，它还能实现吗？

5

肉体的枯竭

对作品概念上的拒绝去除了其物质性，这也是对人之存在拒绝的一种姿态——对其肉体性的拒绝。我们已经从德勒兹的电影时间影像中看到了这一点，他对观众的感觉和运动习惯，以及人类现象学现实进行了破坏。在解构主义建筑中，其答案便是彼得·艾森曼的耗散性结构——它扰乱了居住者的物理和感官基准，使其迷失方向。至于无调性音乐，它剥夺了耳朵对接下来的声音的预期，因为失去了音调中心后，乐曲旋律或和声的连续性也都破裂了。

这些拒绝不单单攻击了艺术的内容，它也否认了在那些视觉和听觉作品中位于上游的创造者和位于下游的观赏者的现实性。强调定义它们的概念，而非它们所表现出来的形式，通过作品的瓦解——有时这也可能会孕育出杰作——凸现了人的解体。解构主义一石三鸟，如斯蒂芬·怀特的宣言所言，要在没有作品、没有作者、没有观众的情况下创造艺术。这是在假定我们在没有人、没有意识、没有身体的情况下就能活下去。当代艺术与德勒兹和加塔利关于"没有器官的身体"的推测相呼应，"没有器官的身体"起着"机械安排""欲望机器"或"情感联结"的作用。如果说《千高原》的作者仍求助于没有器官的身体，那是为了去除没有有机体就无法存在的身体，有机体指的是由以同一方式相互影响的功能性器官组成的体内动态平衡系统。即便德勒兹和加塔利没有实现这一点，却也拟仿了没有器官之身体的概念，而这就相当于没有身体的身体。在绘画和雕塑中去除了人脸，在诗歌中摒弃了词汇，在小说和电影中摒弃了情节之后，解构主义迫使人在容纳其存在的身体中缺席。

科学并没有被排除在外。解构主义者依仗着它，按照生态学吹捧者的观点，对一种能将人性降低到生物进程周期的自然想入非非，或依照超人主义门徒的观点，梦想着一种就如人类超越动物那样，将会超越人的机器。一方面，我们正在倒退到一种状态：分不清人与生活、动物或蔬菜等多样形式之间的区别，而这些与人形影不离；另一方面，我们又跨过边界，把人和各种机器，制造欲望的或信息的机器，混同在一起，而这些将要改变他的本性。

正是人性，在为了占据存在中心的焦虑中，被从思想的空间中赶了出去。在哥白尼的地理中心主义、尼采的神本中心主义退场之后，现在是德里达的话语中心主义以及福柯的人类中心主义寿终正寝的时候了。一些人将随意毁灭理性生灵的自由，赋予丧失了人性的环境保护生物中心主义，另一

些人则将这种自由交给具有超人性科学的网络中心主义。上
帝之死，促成了依附于他的建筑术形式的死亡——地球世界、
作品世界以及人类世界。

机器之人

　　哲学和艺术并不是造成人类在西方历史中声名扫地的唯
一因素。科学为去除人类被赋予的天使与野兽的双重生物特
权提供了一个概念框架。这种源于宗教或哲学的特权，要归
功于思考。柏拉图在思考中看到了使自己尽可能变得如神一
般的方法，并将其视为潜伏于动物身体外表之下的内在的人。
保罗也使用了这种表达，在人的身上看到了上帝形象的生物，
即使他不可能面对面地看到自己。我们只能通过"一面模糊
不清的镜子"（《哥林多前书》13:12）来把握我们的内在性，
而这面镜子将我们简化为一层单一的倒影，即一种人的拟像。
柏拉图的神性，就如上帝对于保罗那样，仍然是人类在存有
等级中特殊性的保证。只要思想还是灵魂的特权，人就必须
照顾它，正如帕托奇卡指出的，他的尊严并不在于其身体的
生命——这生命与动物的生命一样终将消亡——而在于思想
的存在之中。

　　这就是帕斯卡在现代性转向之时所发现的：人类在灵魂
和身体之间摇摆，而且很快就会倒向后者的利益。人具有一

种双重的本性——双重人（homo duplex），"面对无限时的乌有"和"面对乌有时的全部"，因此它总是"一个无和全部的折中"（Brunschvicg，72）。不提本质，仅就存在而言，人类走着一条天使与野兽之间的中间道路。帕斯卡感到人类可以在一瞬间变脸。由于认为自己高于其他生灵，人试图扮演天使，结果却只是做了野兽。如果人自视过高，过于接近天使，帕斯卡便会毫不犹豫地压低他的傲慢；反之，如果人把自己贬低成动物，帕斯卡便会抬高他，以弥补其自贬。"如果他自夸，我便会贬低他；如果他贬低自己，我便总是吹捧并反驳他，直到他明白自己是一个难以理解的怪物。"（Brunschvicg，420）在接下来的那个世纪中，卢梭追随着帕斯卡，在这个怪物中辨认出一张在几个世纪中其毁容不断加深的脸，以至于现代人就如被恶劣天气刮凿出深沟的海神格劳克斯（Glaucus）雕像，比起神来，更像是凶残的猛兽。

相比上帝或他自己所创造的他来说，人的毁容或变性，在一些人身上发生于其毁灭之前，在另一些人身上发生于其荒废之前。如果人失去了脸，即隐藏了从别人脸上向他反射回来的人性理念，那么他很快就会戴上拟像的面具。而这张脸将一直凝固在其自身的麻木之中。这不是死者的死亡面具——由于没有了目光，它不再拥有思想的生气——而是机器人的面具，其狂热将在 17 世纪和 18 世纪中愈演愈烈。在历史上，制造出具有人形的机械假肢并不是什么新鲜事。荷马在《伊利亚特》第18章中就描述过，赫菲斯托斯锻造了20个三脚架给神当移动座椅用。这些自动机械的金轮滚动，驶入众神的集会，然后将他们送回家中。毕达哥拉斯学派的塔兰托人的阿契塔（Archytas）曾制作了一只可以挥动翅膀飞翔的木鸽。柏拉图更是大胆地描述了代达罗斯（Dédale）的雕像模仿人类的运动姿态，自行移动。再后来，佩特罗尼乌斯（Petronius）声称在特里马里西翁（Trimalcion）家的一场盛宴上，看到过一个劝说客人分享最精美菜肴的机器人。

　　这些自动机械绝不是在改变人对自身的概念，而是通过将其简化为粗略的复本，以活着的存有为模本，再造肖像。而雕像，就如人们从波留克列特斯（Polyclète）的作品《持矛者》中看到的，是用惰性的物质材料向人类形象献上的最美敬意。一切都跟着笛卡尔一起跌入了一个悖论的反转之中，即他用"其一切本质或本性只是思考的实体"（*Discours de la Méthode*，IV）的概念，将人的真实性建立在"我思"和对神的"思"之上，而这就是将人之概念同化成自动机械的源头。相比之下，笛卡尔关于动物机器的理论则是为了向人类揭示其实体的核心：自我，即人用以辨识自己是什么的灵魂，一个思考着的存有，而非一个物质性的存有。因此，不思考或没有表露出情感迹象的动物便与由原动力驱使而行动的自动机械一般，就像时钟那样，没有进入语言的通道。笛卡尔的灵魂/肉体二元论通过本体论的深渊将前者和后者分割开来，然而又需要填平这道深渊，以鉴别人类——不再是鉴别其灵魂，而是其肉体。但是，灵魂和肉体合一的奇迹，思考本质和绵延本质融合的奇迹，在科学和技术的进程中消失殆尽了。

在接下来的一个世纪中，拉美特利（La Mettrie）于1774年发表了《机器之人》（*L'Homme-machine*）。他将笛卡尔赋予动物的人工模型延伸到了人体上。从动物机器到人类机器的转移在科学和医学圈中广泛流传，继而，在唯物主义哲学队伍里，内心之人（l'homme intérieur）的思想被推翻，人高于动物的思想也被否定。从此以后，如果人认为自己是一台机器，无论是拉美特利提出的机械人，还是让－皮埃尔·尚热（Jean-Pierre Changeux）提出的神经元人，还是诺伯特·威纳（Norbert Wiener）提出的控制论人，人都放弃了再现的序列，接受了拟仿的序列。人类的拟像不再需要假设灵魂的存在，而灵魂的本质即思考。他从宗教模式中脱离了出来，与作为造物主的上帝不再有牵连，然后又从人之良知所必需的哲学模式中脱离了出来，以此确定他自身运转的自主性。人们假定自我、灵魂或思想并不是由一种原始的、独立于身体的、因其就在自己内心深处而更容易了解的实质所构成。内心之人的死亡标志着机器之人的诞生，它将在所有可能的模式中衰退，最终，在欲望机器（machines désirantes）的模式中彻底终结。欲望机器一下子就丧失了思想、内心和身体，因为器官被认为是多余的。然而，他们的肉欲，即能量流动，并没有丧失，就如只凭着食欲而存在的机器之人那样。人们不会忘了拉美特利是《享乐的艺术》（*L'Art de jouir*）一书的作者。

这种要建造如自然人一般的人造存在的愿望，其神话背景是技术的犯罪。这促使普罗米修斯盗取了奥林匹斯山的神火，用泥土塑造了人类。我们可以察觉到后人类主义拥护者的这种创造新存在的欲望，并认识到京特·安德斯所谓的"普罗米修斯的耻辱"。当他将自己与众神或自然相提并论时，人为自己是什么而感到羞耻——自己只是一个凡人，而非泰坦巨神或超人。这种犯罪模式在现代首见于弗朗西斯·培根（Francis Bacon）的《新工具》（*Novum Organum*）和《新大西岛》（*Nouvelle Atlantide*），他呼吁人类用科学和技术超越自己的处境。在第一本书的格言 129 中，我们可以读到"人就是人之上帝"（homo homini deus），因为人对事物的支配权威就来自他自己创造的学识和艺术。培根期待着"自然的奇观"，科学将为人类造福：延缓衰老，延长寿命，治愈疾病，去除痛苦，改造身体，将身体移植给他人，并且当代和后世的发明创造不受阻碍，速度不减。不过，这位英国哲学家对基督教的思想体系保持着审慎的态度。虽然他断言人是神圣的，但他并没有把人的生命建立在上帝的死亡之上，而人类改造的自然也就不是一种无关紧要的物质，而是一种等级的宇宙。技术的发展采取道德发展的形式，准许人类废除原罪，在大地上重建遗失的天堂。

科学征服正是基于这种信仰，追随着基督教弥赛亚主义的天际，将定位人类的理论从对上帝的依赖之上，嫁接到了人与人或人与自然的关系之上。动物机器论在生灵世界的统一性中打开了一道豁口，就如它在人的有限自然与上帝的无限自然之间挖出一道深渊一样。这个漏洞被达尔文填补了，他的理论将人置于动物进化的潮流之中，不允许将自己与其他物种区分开来。蒙田早就主张"人和人之间的差别，比人和动物之间的差别更大"（*Apologie de Raimond Sebond*，II，12）。生态学接替了生物学的角色，否认人类有断言自身优于其他生物的权利。如果人能造出像沃坎逊（Vaucanson）的自动机那样的活动机器，他们很快就会将生命赋予无生命的物质，就如玛丽·雪莱（Mary Shelley）笔下的科学怪人弗兰肯斯坦一样。科学对人类幻想制造以人为模本的生灵给予肯定，同时还赋予人类超人的力量。拟像世界取代肉身之人，把生命交给除尽了古老饰物的后人类（posthumanité）。我们同时也可以看到，在小说家的梦想和学者的预测中，内心之人在通过自己的历史来体验自身时，对此有着抗拒。

科学和技术所认为的人的过时之处，正是将其与自然生灵以及人造生灵区分开来的实体身份。不能再神化人性了，必须将其自然化或人造化。如果整个自然只是一架巨大的机器，那么人，在拉美特利看来，只不过是一个小小的弹簧，在德勒兹和加塔利看来，只不过是一段短短的联系，其思想和身体都不过是幻觉罢了。人必须放下这种自命不凡——认为自己是迷失在物质海洋中的一簇思想珊瑚，或是管理拟像世界的理性模型。人只是一个人造制品的人造制品，其神经系统根本上只是交付了一些原子的缩影。

大地母亲

在迎来机器人时代之前，有必要将人从其所在的中心位置移走，并剥夺他本性的优势。但人性的概念就更难解释了，因为它会根据文化模式而变化。它要么是人之永久性的来源，人必须与之保持紧密联系，要么是必须连根去除才能实现人性的黑暗背景。无论如何，构成生命总体的自然是一种智力构造，其起源消失在神话之中。在希腊文明中可以看到这一点。公元前 8 世纪，赫西奥德（Hésiode）还没有谈到自然（phusis），"phusis"的第一个意义是实现的增长，因此也就是关于变化。诗人呼唤大地——盖亚，这是从混沌中出现的第一个力量，她张开了最初的巨口。大球母亲随之诞生了天空——乌拉诺斯，天空趴在她身上，孕育出不同的宇宙力量，首先是泰坦，黑暗的神灵，然后是奥林匹斯诸神，白昼之神，宙斯立即成为他们的头领。从这些自然的名称中，哲学所能理解的，从一开始，就是一个黑暗面和一个光明面。至于凡人，他们并没有与众神的家谱混在一起，而是后来才从越来越没落的金属——金、银、铜、铁——中诞生。

一切都随着悲剧，然后随着哲学和科学而改变，它们建立了一种对从神、世界和人类中展现出来的自然本质的合理化解释。索福克勒斯让《安提戈涅》（*Antigone*）里的合唱团发声时，他指出了人在试图征服整个地球时的出格过分。奇异的（tà deinà）事物虽然多，却没有一件比人更奇异（deinóteron）。至少，这是当前的翻译。然而，"deinós"这个词有着比奇异更强的含义；它表示"恐怖""厉害"和"非凡"。人就是这么个可怕的生灵，凭借其天分，"折磨着掌管一切的、威严的女神——大地，那永恒而不知疲倦的大地，年复一年永不停息地用犁划刻着她的面容"。更有甚者，索福克勒斯在这里预见到了技术所带来的自然的机械化，人"在技巧方面有发明才能，想不到那样高明，这才能有时候使他走厄运，有时候使他走好运"。[1] 在 25 个

---

1 此处译文使用了罗念生的译本。——译注

世纪之后，我们听到了生态学支持者的批评，他们指责人类将发明创造用在有害的用途上，将自然洗劫一空。

哲学不像悲剧那么严苛，从柏拉图到伊壁鸠鲁和斯多葛学派，人类将在一个从大地升上天空的有序自然中找到自己的位置。我们能从中看出一种固有的本质，即使用"认识你自己"也很难对其进行定义，然而要给予城市生活一种意义，这又是必不可少的。当亚里士多德试图领会这种特殊性时，他建立了一个人的概念：他本质上是一种"政治动物"，"在所有动物中唯一拥有理性的"（*Politique*，I，2；VII，13）。我之前提过，政治是一种建筑科学，它对从属的科学施加了权威；这种建筑来自自然本身，也就是说，来自根据人类所从属的理性规律而展开的生活。如果事实证明大自然没有做任何徒劳的事情，并指挥着人类，就像指挥所有其他生物那样，那么"对人类来说，大自然做这一切是必要的"（*Politique*，I，8）。亚里士多德留给人文主义传统一种有序自然的概念，即人类遵循其不变的模本，得出其理性知识和合理行为。蒙田在尝试认识人类时，若非本质上不可能确定的问题，至少在他的文章中，他受到了自然的启发：自然是一种"温柔的指导，但不比谨慎和公正更温柔"（*Essais*，III，13）。而这个他必须遵从的自然与向人类指示着"理性法则"的"理性之路"并没有什么区别（*Essais*，I，13）。

然而，人的本性仍然是模棱两可的，因为理性要求他不和自然分离，同时又将他的权威加在其他动物之上。蒙田是第一个模糊了人类与动物之间的边界以重建整个生物等级的思想家。他的继任者将更加彻底地消除物种之间的障碍，将人仅视为动物中的一种。人类状况的自然主义观点被完全逆转。从亚里士多德开始，传统哲学就认为人类是动物（zôon），而不是野兽——希腊语中的 alogon 或拉丁语中的 brutus，因为人类被认为是唯一拥有话语和理性的动物。要我说的话，这种动物既无权说话，也从没有要求过这种权利。但人们毫不迟疑地把对自身本性的谴责推到了动物身上，以此来对其他生灵实行统治。

以挪威哲学家阿尔内·内斯（Arne Næss）为首的深层生态学派坚决要求取消人类中心主义的自然概念。对于这种本体论的口技练习，不知道是自然在通过人类说话以谴责人类，还是人类在通过自然说话以拯救自然。另外，其逻辑矛盾并不妨碍没有人性的自然性之信徒。他们并不自问：即便人将这种权利赋予自然，自然如何能拥有这种与人一样的权利。一切都基于阿恩·内斯关于每一个生灵都有不受约束，不受人类干涉的生存繁衍的权利这一断言："我可以杀死蚊子，如果它落在我的宝宝的脸上，但我永远不会说我的生命权优于蚊子。"这是谁在说话，是蚊子还是人，在否认其优越权的同时，是谁在随心所欲地决定蚊子与其同等？

　　与涉及解构人类模型的文化构造相比，对自然的崇拜还不是那么紧迫的自然要求。这与崇拜有关，因为，在极端的形式中，生态理论家将大地视为自然，就如一位活着的女神。英国化学家詹姆斯·洛夫洛克（James Lovelock）出版了系列著作《盖亚时代》《盖亚，大地之母：地球是活的》《盖亚的复仇》等，我们从他那里认识到了盖亚假说。即便洛夫洛克自己已与盖亚理论支持者——盖亚人——的过激行为分道扬镳，但他们的星云覆盖了一系列科学假设、宗教信仰和神秘态度，最终导致了对人的排斥。构成创造中心的不再是人，而是盖亚，其自我调节使之被视作一种神性的，因此是神圣而不可侵犯的生命。如果除去泛神论的外壳，这些生态学主张并不缺乏意义和理性，而这些更可以被归咎于一个受责难的人身上，而不是一个神化的自然。对生物多样性的认知、对地理形态丰富性的认知，以及对人类不应破坏的生存环境的保护，都是使自然和人类长存的必要措施。但这不是说人类就必须臣服于一个假设出来的、对人类施放各种固有权利的自然。

　　只要想想 1978 年联合国教科文组织通过的《动物权利共同宣言》就知道了。其序言声称生命只有一种，所有生物都拥有"自然权利"；然而，拥有神经系统的动物却有更高级的权利，这可以避免把倭黑猩猩与草履虫混为一谈。如果人不尊重这些铭刻在自然之中的生存权利，他就犯了"侵害动物罪"。接下来的 10 项条款以《人权共同宣言》为模本，陈述了一系列既自相矛盾又无法施行的命令。它一方面声称"所有动物拥有同等的生存权"（条款 1）；另一方面又声称"杀死动物有时是必要的"（条款 3）。条款 8 将破坏群落生境视作"种族灭绝"，例如，在沼泽地区推广的灭蚊行动。而条款 9 则以人类法人身份的模式来描述动物的"法人身份"。那么这些法律上的新民众——疣猪、老鼠和秃鹫，要担负些什么样的义务呢？

以生命为中心的平等主义想要终结以人类为中心的不平等主义，促使联合国在 1982 年 10 月 28 日宣布了一份世界性宪章。它将人类生命与其他生命形式等同起来，无视生命系统的复杂程度，也不顾及人类思想的存在。他们将在自然界中认识到的尊严权一概而论，将尊敬的义务强加到人身上。这 25 个条款基于这样的考虑："所有形式的生命都是独一无二且值得尊敬的，无论其对人类是否有用处，而且，为了认识到这种相对于其他生物的内在价值，人类必须遵照一种行为道德准则。"我们应该看到，其他生物并没有被要求认识人类的内在价值——它们有时甚至对此构成危害——并因此遵照上述准则。

从皮科·德拉·米兰多拉（Pic de La Mirandole）到康德，哲学花了几个世纪的时间才提出尊敬的观念，它是和尊严联系在一起的，是献给有理性的存有的。若将其扩展到无理性的存有，如鲨鱼、生蚝和水母，那么，为什么不给病毒或随便什么蛋白质的聚合体呢，既然所有生物都受联合国宪章的保护。对于康德，尊敬应该是给予人的，给予理性的行为主体，而非动物或其他事物。当然，事物使我们心生喜爱，如大师的画作或收藏的汽车，以及对猫、狗或马的喜好。它们也会使我们心生恐惧，如狮子吞食猎物或火山喷发，但是在道德意义上，它们无法使人尊敬。如果一切都变得值得尊敬，那就什么都不值得尊敬了，因为，如果种类之间的等级被废除，那么一切的价值也就都无足轻重了。

依靠女神盖亚或整个自然，并不会使那些与人类共享权利的生灵神圣化，除非先去除人类的神圣性，而这将迫使人类在其消失之前就被自然吸收干净。"人类自愿灭绝运动"（Voluntary Human Extinction Movement）网站（vhemt. org）的口号是"愿我们长寿并灭绝！"，并把自己介绍为"人类灾难的人道主义替代品"。这个运动用缩写（VHEMT）玩了个文字游戏（vehement 的意思是"感情激烈的"），激烈地号召人类自愿灭绝。自然主义者伊夫·巴盖莱（Yves Paccalet）用带着一丝幽默的标题附和，透露了对人类漠不关心的生态学的气馁：人类将要消失，这下可轻松了！此外，这位作者也承认了他的放弃："我曾相信人。如今我不再相信了。我曾对人类有信心，但这都结束了。"（2013，11）我们应该为此而攻击写下这些话并丧失了信心的人吗？人在生物学上就是动物，这没错。只有当他把自己和其他人认作人，他才是能将自己从动物性中摆脱出来的唯一动物。而摆脱的方法就是在自我意识中体验到尊严。

将人性和动物性等同化的信徒缺少的正是这个意识：他们向动物生活敞开，对人类世界却关上了门，为了迎合他们的新偶像，假装无视思想的存在。他们还忽视了一个矛盾：他们所说的话，其形式就在否定其表达的内容。宣称动物拥有与人相似的权利，就等于在宣布话语的无效。因为，尽管生态学家们会不乐意，但对动物权利的要求是由唯一会说话的动物提出的。卢梭有理由向唯物主义者爱尔维修（Helvétius）指出，他的天赋与他的原则背道而驰，他的心灵与他的学说毫不相称，他的过度理性恰恰证明了他话语中的人性，尽管他自己不这么认为。那些蔑视"动物性 – 人"的人，要把权利赋予"人性 – 动物"，但无论他们想要怎样，在言说的总是他们自己，而动物对他们所说之话则听而犹聋。狄德罗在《达朗贝尔之梦》（*Le Rêve de d'Alembert*）中转述了波利尼亚克红衣主教在皇家花园对一只猩猩说的名言，就像圣徒约翰在沙漠中布道那样："说吧，说了我就给你洗礼！"

故事并未告诉我们猴子回答道："先给我洗礼，我才跟你说！"因为，一言以蔽之，动物从来不说话，也没有什么要说的。

身体的中性化

对于人类的身体，我们的血肉之躯，还有什么需要知道的吗？看起来，就像艺术作品的物质性被引发它的概念所吸收一样，人的身体就要被取代它的话语溶解了。所谓的"性别研究"，起源于受解构浪潮影响的美国大学，对男女性别的二元性持拒绝态度。在争取了妇女权利之后，女权主义运动修改了问题的措辞，不仅否认两性之间的文化不平等，也否认了男女的自然身份。人们在概念上攻击的不再是历史中的男权；而是基于男性和女性的性器官不同而出现的区别。如果想让女性摆脱男性的压迫，必须消除这种压迫的性工具，即阴茎和阴道。尼采在《瞧！这个人》（ Ecce homo ）中谈到"两性之间的永恒战争"。这场战争已经过时，因为"生理性别"（ sexes ）已经被"社会性别"（ genre ）覆盖了。当然，种类总是二元性的；但它不再是自然的，因此不再是生物的，而是文化的，因而也是政治的。当解剖学和生理学差异如基因差异那样被破坏时，要消除社会和文化上的差异也就不再存在障碍了。

在政治主张中，我们可以发现，这种中性化战略也有着从布朗肖、福柯和德里达以来，对现实在本体论中的废除。这些科学工作之所以模棱两可，正是由于使用了这两个术语——gender（性别）和 genre（种类）。两者都来自拉丁语词 genus（诞生），表示生殖、产生和起源，是一个表示生物的生物性起源的语义空间。然而，这个起源被美国的"社会性别"（gender）掩盖了，很快法国的"社会性别"（genre）也跟了上来，借口是它将成为由语法范畴表达出来的社会范畴。人们把因果关系颠倒了。不是因为有着男女两种身体的性别，社会中才有了男女的行为举止；而是因为语言中有阴阳性两个"社会性别"，社会才区分了男女的性别。法语的语法中没有中性，往往会增加阴阳性之间的对抗。英语中有中性，具备了消除两性生物性对立的办法。这大概就是盎格鲁—撒克逊国家性别研究成功的主要原因。

在语法规则的权威之下，而非生物学法则的支配之中，"社会性别"理论企图终结两性之间的人性区别。我们必须自问，这种要去除阴阳两性的意愿有什么理由？我们可以相信，正是男女两性建立了孩子的心理和文化认同。因为，他们的人格是一个复杂的构造，除了最初的生物定性，还牵涉家庭、社会、情感和智力带来的影响。这种渐进发展的人性

化是一个文化的过程，它是否能省去拉丁词sexus（性别、区别）
所代表的原始区分——不仅男性和女性从其而来，父性和母
性也由此而生？然而，正是父性和母性，以及随之而来的生
育，揭示了社会性别问题的关键所在。人类若要繁衍，就需
要男人成为父亲，女人成为母亲，社会必须接受生理性别上
的不同，这不能被中性化。

　　社会性别并不会挑起两性尊严的政治问题，男女平等，
也不会挑起两性尊严的伦理问题。它突出了一个社会问题，
即同性恋的地位问题。实际上，我们发现，相对于女性面对
男性时的经济劣势，性别研究更多地依赖于同性恋者的本体
论自卑感。他们的假设认为，在所有的社会中，将首要地位
赋予异性恋，会使同性恋、双性恋或多性恋等少数行为边缘
化。若没有可以确定社会性别选择的生物学规范，LGBTQI（女
同性恋、男同性恋、跨性别者、酷儿和双性人）的性行为将
等同于主流的异性恋行为。同性恋者在过去受到因生育规范
而强加的异性恋规范的折磨，而现在社会接受同性恋者已不
再是问题。现在的问题是将同性恋看作生活的新规范。社会
学家埃里克·法辛（Éric Fassin）在《男人，女人，什么区别？》
（Homme, femme, quelle différence?）中着重指出这一点："原
因在于，同性恋成了规范。我们必须设想一个其规范不是异
性恋的世界了。"（2011，25）在这个虚拟世界中，对性别

和社会的真实模式的颠覆已经完成了：曾经是规范的异性恋已变成反常，而曾经是反常的同性恋却变成了规范。

在保护少数族群方面，性别研究与文化相对主义研究非常接近。两者都借用了索绪尔在语言中发现的符号的任意性，来推论身体性别的任意性，而这会引起社会性别的任意性。人类历史是任意的，因为它不会顾及所有的性行为和文化行为。社会性别研究的支持者将雅克·德里达、埃莱娜·西苏（Hélène Cixous）或理查德·罗蒂（Richard Rorty）等人的语言解构主义的工作运用到了性别之中。他们认为，男性或女性的身份是社会性别，与生理性别无关。即便在解剖学上存在差异，在人类学意义上也没有影响，因此异性恋不是一种自然导向的普遍实践，而是一种将压迫性规范强加于人类社会的特殊实践。

但是，如果"社会性别是由先于并超越我们的文化规范形成的"，如朱迪斯·巴特勒（Judith Butler）（2009，22）所主张的那样，而文化规范是任意而相对的，那么，原来那些有待解构的规范又是从哪里来的呢？如果它们来自自然，那么在其普遍的确定性之下，它们并没有任意性，而且还受制于人类的生殖模式。如果它们是某种过去文化的产物，那么它们为什么就低于同样是相对的新规范呢？若要强行使用社会性别而牺牲生理性别，那就必须依靠一种隐含的自然性和普遍性来替代异性恋的自然性和普遍性。而这个新的自然性不外乎就是同性恋。

结果，他们为解决男性和女性之间的差异问题，取消了两性固有的身份，并将其从人类范畴中排除了出去。小说家莫妮卡·威蒂格（Monique Wittig）将自己描述为一个"激进的女同性恋者"，拒绝做女人，并且挑衅地断言她没有阴道。时代的绝对命令（l'impératif catégorique）几乎容不得任何细微的差别："必须在政治、哲学和象征上摧毁'男人'和'女人'的范畴。"这种破坏是必要的，因为"不存在生理性别"——男人或女人，对于作者来说，是"压迫造成了性别，而不是性别造成了压迫"（2007，13、36）。因此，纽约现代语言协会著名的"直思"（la pensée straight）会议的最后一点与莫妮卡·威蒂格的假设一致："女同性恋不是女人"。由于女性和男性之间的差异是社会构造的邪恶作用，因此必须将其解构。但是，他们不去思考为什么社会总是区分男人和女人，也不思考主流文化结构是在什么样的基础上建立起来的。若不是出于生殖的必要性，如何解释人类群体是根据异性恋的二元和等级对立而组织起来的，如朱迪斯·巴特勒承认的那样？社会性别中性化绝不为这个持久性而操心，只是满足于将生物学从人类学中分离出去，或者说，将自然从文化中分离出去，以便摒弃生理性别的暴虐功能。

　　这种解构策略并没有简化成对异性恋的否定。社会性别研究以及多元文化研究旨在破坏出自欧洲文化的普遍理性形式。朱迪斯·巴特勒认为，"非一之性"——也就是社会性别——是"对西方表述，以及构成主题理念的实质的形而上学的一种批判"的出发点（2006，73）。人们用概念的笔尖一划，就清除了生理性别、男人、女人和涉及人性理念的主题。经过一系列的大震荡，导致了人文主义的毁灭，强加到欧洲帝国主义所殖民的文化头上，随之破坏了所有理性的政治模式，无论是共和政体还是国家。这个由法国理论引入美国的社会性别解构，再次旨在破坏德里达视为欧洲中心主义——换句话说，即普遍理性——的逻各斯中心主义和男性中心主义。因此，它的基础就是在男人和女人之间，同时也是在现实与虚拟之间的社会性别混淆。

　　克里斯蒂安·弗拉维尼（Christian Flavigny）博士注意到，一种"脱离肉体的目光"（2012，129）似乎主导了社会性别理论，而社会性别理论与性征一起放弃了解剖学、生理学和遗传学，亦即放弃了身体。这种黯淡无神的目光突出了虚拟构造的抽象性，将性征简化成外表，却不去参透其中的谜团。但是，如果我们想生出一个人，必然需要两种性别和不同的性器官，这对解构主义者来说是不能容忍的。德勒兹和加塔利早已颂扬过"没有器官的身体"，称其将人性从其有机体的牢笼和对死亡的焦虑中解放了出来。现在，我们迎来了"没有器官的性征"，这将把人类从性别的牢笼和诞生的焦虑中解放出来。为了解放这种无性的人性，还必须"取消身份"并促进"大众的政治"，就如比阿特丽斯·普雷西亚多（Beatriz Preciado）在《大众酷儿：一种反常政治的记录》（*Multitudes Queer: Notes pour une politique des anormaux*）中建议的那样。为了说明这一革命性政策，这位随笔作家使用了"跨性别的身体""没有阴茎的男人""狼人女同""女屠夫"（美国女同性恋者的形象），还确立了所有"奇形怪状"和"贱人"的一致性（2003）。对生理性别的普遍性解构将终结异性恋，使人类沉浸于同性恋规范中，迎来差别和身份中性化的胜利。

菲利克斯·加塔利曾在《研究》（*Recherches*）杂志上发表过一篇题为"同性恋大百科全书：三十亿变态"（"Grande encyclopédie des homosexualités. Trois milliards de pervers"）的文章："我们正在进入一个时代，世界上的少数族群开始组织起来反抗统治他们的权力，反抗所有的正统观念"（1973，3）。最为强烈反对的正统观念是德里达称命名的男性中心主义，我已做过介绍。这包含了三重统治：理性话语、男性器官以及感知的来源。该杂志因蔑视道德而被定罪，而米歇尔·福柯在 1974 年 4 月 27 日的一篇发表在《战斗》（*Combat*）上的文章《性与政治》（"Sexualité et politique"）中为加塔利辩护。福柯想知道，在身体被社会当作一种劳动力使用之后，人是否还能收回自己和他人的身体，用作一种享受的力量。他在结论中说道，正是"这种斗争使身体成了政治问题"（*Dits I*，2001，1405）。通过社会性别研究，这种为了身体的斗争已经成了身体的中性化，也正因如此，成了政治的中性化。要担心的是，这还仅仅是对人类的中性化，而它如今已经沦为一个拟像，因此，既不是男人也不是女人了。

改造人的来临

从生理性别到社会性别的僭越目前还停留在概念上，对男女之间以自然方式发生肉体关系还几乎没有影响。从人到超人的僭越却似乎更具现实性，因为它不仅与语法规则无关，还得到了生物学、物理学和数学的支持。虽然受到生物中心主义意识形态的鄙视，并被社会性别研究所解构，但理性随着超人类主义和后人类主义理论强势归来。当然，自从普罗米修斯的神话以来，人类就一直在试图超越其处境的限制，而智人（homo sapiens）的出现即标志着僭越人（homo transgressor）的到来。这种僭越行为是属于自然和神灵的，人在力求超越其外在限制时并未改变。而眼下发生的则是人在僭越其内在限制，将要产生另一种存有。人们并不会把超人看作人性改良后的高尚之人，那意味着再次迎合那种存有就是某种本质的理念，我们称之为灵魂、实体或主体的本质。事实上，这个存有就是后人类，"后"意味着一个现时性的到来，这个现时性将抛弃过去的羁绊。今天的人恰恰就是这种尼采揭示过的、庸庸碌碌的"末人"。并不是要将这种人置于超人之上——因为超人是超常的人——而是要用生物学和技术结合的存有，即用所谓的改造人或模控化有机体（cybernetic organism）来替代他。

这种要了结人类的、自相矛盾的人类项目并不新鲜。诺贝尔医学奖得主安德鲁·赫胥黎和作家阿道司·赫胥黎的弟弟，生物学家朱利安·赫胥黎（Julian Huxley）似乎是第一个使用"超人类主义"（transhumanisme）这个词的人。在不牺牲《美丽新世界》的作者阿道司·赫胥黎逻辑的情况下，他将超人解读为急于用科学开辟新的可能性的人。朱利安·赫胥黎那时仍然在传统人文主义中推介超人，他是传统人文主义的热心支持者。第二次世界大战后，一切都变了，控制论、计算机科学和遗传学出现并发展壮大，这些进程开启了人与机器、自然与技术的杂交。后人类主义有一个温和版本，可以称之为"增强人"（homme augmenté），简写为"H+"，得益于科学和技术的慷慨贡献。

纳米技术、生物技术、计算机科学和认知的研究融合带来了一个更难对付的版本，名称简写为"NBIC"。它一方面依赖于摩尔定律，该定律预测在通信技术指数发展的前提下，半导体的功率自 1965 年后每两年以不变的成本翻倍。另一方面，随着人工智能、模拟现实，我们将会看到思想上传（mind uploading）等新科学的出现。在对意识进行数字化之后，操作人员将所有信息从人脑转移到计算机，使之在实际的生物大脑和模拟的计算机大脑之间没有差别。我们可以看到一种建模与拟仿、真实与虚拟的后现代游戏，这标志着意识的程序性退位。

科学尽管声称自己是理性的，却总是产生绝非理性的意识形态。一个值得注意的例子是生物学家、哲学家和社会性别研究学者唐娜·哈拉维（Donna Haraway）1985 年的文章《改造人宣言：80 年代科学、技术和社会主义女性主义》（"Manifesto for Cyborgs：science, technology, and socialist-feminism in the 80'"），发表于《社会主义评论 80》（*Socialist Review* 80），1991 年重印于《类人猿、改造人和女人：自然的再创造》（*Simians, Cyborgs, and Women. The Reinvention of Nature*）。宣言赞颂了改造人，将其视为乌托邦，是一种"机器和有机体的混合"，其中性化的性别将从"有机生殖"中挣脱出来，复兴"蕨类植物和无脊椎动物那迷人的自由"。所有厌恶人类的人都是这样，对活的生物体和有性繁殖怀有发自内心的排斥，却青睐除了机械以外什么器官都没有的身体，以及对人类现实的拟仿。作者比人性解构理论更进一步：她主张对人进行身体上的解构。"我们就是嵌合体，机器与有机体的混合——先构建理论，然后制造出来；简而言之，改造人。改造人就是我们的本体论；它定义了我们的政策。"（2007）这个对新存在的描述让唐娜·哈拉维着迷，她在其中看到一个反对所有过去人类文化的战争机器。她在各个段落中告诉我们，这种改造人站在变态的一边，拒绝原始花园，拒绝宇宙，僭越了人和动物，是致命的机器，是破碎的身份，无论是女人的、种族的，还是阶级的，以及所有本质主义的身份。

在这一连串对人类的解构中，最值得注意的是对两种思维模式之间的对立做出的鉴定："再现"，即恢复对人体模式的服从，以及"拟仿"，即改造人的颠覆。唐娜·哈拉维由此编制了大约30个建筑二分法的滑稽清单，即人文主义者、解构主义者以及后人类主义者。在第一列人文主义中，一个基本概念是深度，对应第二列解构主义，其基本概念是表面；真实的再生对应虚拟的复制；生物决定论对应演化惰性；生物性别自然性对应遗传基因；工作行为对应机器人技术的操作；精神自发性对应智能人造性；公众政策对应改造人公民身份；第二次世界大战对应星球大战，等等。简而言之，所有出自人文主义的"自然主义编码"都在传统一栏中，对应于后现代一栏中解构主义的人造主义编码。

结果，所有"自亚里士多德以来的西方话语"都以二分法的形式被集成电路网络"吞噬"和"技术消化"了：男人 / 女人，身体 / 心灵，人 / 机器，自然 / 文化，原始 / 文明，现实 / 表象。《毁灭，她说》（*Détruire dit-elle*）是玛格丽特·杜拉斯的一部小说，小说中的人物在一片虚空中互相撕扯。唐娜·哈拉维甚至更加虚无，想要破坏组织和政治，据她说，组织和政治一直在向"生殖性行为的资源"求援。因为那些将要接替人类的改造人"对承担生育功能的子宫和几乎所有的生育都不信任"，以至于给了我们"一个不分性别的怪异世界的期望"，这是一种能使我们复原的力量。这意味着过去的人都作废了，而未来的胜利属于改造人。在宣告的最后，作者自称遗忘了自己作为女人的本质，并以一个乏味的总结结束了宣言："我更愿意做一个改造人，而不是女神。"（2007）

性别的过时很快就会导致身体的过时。唐娜·哈拉维想要解放一切身份——无论是生物的、性别的、文化的，还是人类的，其愿望即便不是单纯的祈祷，也只是停留在概念上。她对机器的赞美不是科学的，而是修辞的，她的改造人只是重新占领了无产阶级的广场。对于他们来说，基因工程或计算机工程专家更关心的不是政治革命，而是一场通过将人从其化身中拉扯出来的本体论革命。今天，如果我们以数字形式而非机械形式认真对待人类机器的论点，那么多余的将不再是灵魂，而是身体。汉斯·莫拉韦克（Hans Moravec）是一位公认的人工智能理论家，他感到遗憾的是，因为其脆弱性和必死性，身体仍然是心灵发展的障碍。因此，人们迟早会因为生物科学和计算机技术的进步，被迫让位于他们所创造的人工智能。

人类的终结已经被改造人编写好了："摆脱了生物进化的严重限制后，这些我们精神的孩子将能够对抗宇宙的巨大挑战。与此同时，我们——他们年老的父母们——将会慢慢灭绝。"（1992，8）人类不会渐变成一团会消解的物质，而是成为一个可以被机器更有效利用的信息库存。就像在硬盘驱动器上存档文件一样，只要扫描我们的思想和记忆，也许还有我们的身份意识，就可以将它们转移到更强大的机器上去。届时，这个拟像将对创造它的模本实施报复，一个在他自己的眼中都已过时了的模本。

使人造生物成为其自然创造者的主人，这场动荡将如何发生？随着被超人类主义的重要人物、计算机科学家雷蒙德·库日韦尔（Raymond Kurzweil）称为"奇点"（Singularité）的东西出现。雷蒙德·库日韦尔是从数学家和小说家弗诺·温格（Vernor Vinge）那里借用了这个词（1993）。温格毫无顾虑地在他的文章中提出："30 年之内，我们将拥有创造超人智能的技术。在这之后，人类时代将很快终结。"奇点指历史的变化点，智能机器将在这一点上超越人类智能，并建造出比机器设计者更智能的机器，且以指数方式增长。库日韦尔不满足于将摩尔定律应用于所有技术发现；他提出，自生命和智力出现之后，它们的增长将迫使人类对新形式的思维存在进行超越。于是，如果奇点干预过快，人类将无法控制它，并不得不将智力的化身留给其他存有、生物和电子的混合物，或纯粹的电脑机械。雷蒙德·库日韦尔与彼得·戴曼迪斯（Peter Diamandis）一起于 2008 年在硅谷创建了奇点大学（Singularity University），由谷歌、诺基亚、领英及其他公司赞助，培训 NBIC 领域最好的专家。库日韦尔还预测断言，到 2029 年，每两个新生儿中就会有一个永生，而他自己会活到 800 岁。关于这些研究，无论人们怎样看待其基本假设，无论人工智能是否真的有用，它们都预言了人类将会陷入网络空间之中，在那里，目前的人将只是无用的残渣。

这就是严酷的后人类主义的支持者们所主张的，为了巩固这个奇点的出现，据有些人说，在 2030 年左右，他们将贬损他们自己也拥有的人性。让－米歇尔·特朗（Jean-Michel Truong）在他的《完全不人道》（Totalement inhumaine）中，于小说和哲学论文的边界上，建立了一个接班人的角色，要人们相信自己的替代品已经在队伍中了。这个实体指的是后人类生活，它将人为地、非自然地接替人类生活，以适应机器相连的宇宙。在一个抽象的网络空间中，身体将变得多余，进行统治的都是改造人，他们将只在有限的时间内拥有生理性的躯体。不言而喻，所谓的网络性行为也会把同伴的身体中性化。就如德勒兹想从电影的去现实化中去除屏幕，以便将没有器官的身体欲望整合到一个既没有体积也没有表面的空间中一样，网民将与化身发生性关系，却既不会有肤浅也不会有深刻的接触。爱抚将不再掠过肌肤，性也不会进入肉体，当电刺激接替了有机模拟之时。往昔的性已成为心念之事（cosa mentale），而它未来的拟像将势必成为概念之事（cosa concettuale）。

两种诡辩

英国哲学家乔治·摩尔（George Moore）在他的《伦理学原理》（*Principia Ethica*）中揭示了道德问题上的自然主义诡辩。这种伪推理从现实呈现给人的事实中推导出人的行为方式，仿佛有了事实，存在就可以成为规范。这样一来，就可以以盗贼和杀人犯的存在为由，为抢劫杀人的权利开脱了。人类的特性虽然是依赖自然环境的，但并不会简化成这些环境本身，因此不能将自由行动的主观性等同于确定行为的客观性。法律和道德的准则不是现实评定的产物；它是对其本身并不能自证公正的实际状况的理想性超越。卢梭揭露过这种偏见：如果存在着奴隶，那是因为一直就存在着奴隶，所以我们无法反对这种自然事实。正是基于这个奴隶制现实，荷兰法学家格劳秀斯（Grotius）主张政治权力不是建立在统治者的喜好之上。而卢梭指出，这种推理方式是在"始终以事实确定权利"（*Du contrat social*，I，2）。因此，必须得出这样的结论：与奴隶制有其必然性的假设相反，自然的奴隶制只是非自然的奴隶制的结果。但我们现在谈的已不再是同一个自然了。对于自然的奴隶，我们接受的是由事实的必然性得出的判定；对于不自然的奴隶，我们要求的是由权利需求得出的自由。

这是生态学家们要回答的问题，因为人事实上是自然的一部分，而他们得出的结论是：人必须将权利授予自然。他们的诡辩在于吸收了生物进化中甚至陆地的物理进程中的人类历史，在需要时还用到了盖亚的名字，以此来否认人类与非人类之间的区别。这是忘记了人在说话并分析事物进程时，为了建立了一个新世界，会将自己从生命循环中拉出来。如果迁就自然主义的诡辩，无论我们做什么样的论断，人类也不会降格成动物生命。根据笛卡尔的公式，如果人们能合理地将自己看作"自然的主人和拥有者"，这并不是因为他们取代了神或自然。这是因为他们是引入立法的唯一一方，而他们的话在这个世界中得不到回音。《谈谈方法》的作者指出，这种迫切需要并不是来自自然，而是来自人类本身，或是来自使人类思考的原因。思想在人的内心中发现这种迫切需要，它来自"一种法律，这种法律迫使我们去为所有人谋求我们身上尽可能多的普遍之善"。然而，这种善无法以自然方式将其简化成一种经验来定义。就像探索它的人一样，善是法律的秩序，而不是秩序或无序的事实。

用柏拉图的话来说——这也将是列维纳斯的话——善超越存有，这不能以事实性的话语来理解。它不是从物理经验中推断出来的，而是在形而上学的直觉中显现的，超越了我们随时都能抓取的原始现实。就如人是唯一去思考"这是什么"，并与其他人分享的存有一样，善是唯一能说出"什么是好"，并将其分配给其他好事物的决策机构。乔治·摩尔在善之中看到一种决策机构，就如黄作为颜色的不证自明一样简单，但对一个天生的盲人来说，即使他理解颜色的概念，也看不到这颜色。同时，这位英国哲学家在人身上也看到一种现实，就如黄色一样为人的经验所理解。自然缺少的正是这样一种经验，无论是动物、植物还是矿物，都是如此。我们可以把人类的情感赋予自然，将她称作慷慨的养育者，或相反，暴力的破坏者。但自然从来都无法承担这些模式；它对我们的或它自己都毫无意图。那些让自然像一个想要获得解放的奴隶般说话的人听到的并不是自然的嗓音，而只是他们自己的幻想。如果说从伊索到拉方丹的寓言作家都让动物说话，那是为了让人倾听。当小羊对狼说它没有弄浑狼要喝的水时，小羊并不是在主张权利，而狼吃掉小羊时靠的也不是诉讼。唯一能够区分事实和权利的，是将这些搬上舞台的诗人。

还有另一种诡辩，不是人向着自然倒退，而是向着"人造物"（artifice）僭越，我将这种诡辩称为"人造物"诡辩，或人造物谬误（artificialist fallacy）。在前一种情况下，人们制造出一个先于人类的自然，它能站在人的位置上发现它曾拥有的权利，然而，说话者却是披着动物外皮的人。在第二种情况中，人们造出一个后于人类的"人造物"，它能站在人的位置上要求未来的权利，然而，说话者仍是戴着机器面具的人。无论哪一种情况，人的存在现实都被交给了自然或机器的概念性虚拟。然而，激进生态学的自然并不比超人类意识形态的改造人更真实。客观上，两者都是思维实体的拟像，是在人类或贫乏或丰富的模型上构思的，主观上，是渴求创新的计算机科学家或遗传学家的幻想。

让我们把转化成超人类主义的后人类主义设想成想要否定其有限性，将自己转化成超人的人。这种要超越人类的欲望有一个很大的缺陷：它并不是出自超人，因为超人若有这种期待，那就立刻暴露出他并不是超人；它出自人，是人站到这个还未到来的位置上在说话。我们在自然主义中也会发现同样的错误推理，虽然这里说的自然是人造的。要人类倒退到自然秩序中去的愿望并非来自生命进程。它一直都出自那些无法在存有等级中定位自己的人。在帕斯卡的时代，他们对于在天使和野兽之间找到一个位置犹豫不决，而今天，他们对于在动物和机器之间找到一个位置犹豫不决。然而，他们从没有意识到，这犹豫不决正是其人性的标志，因为自然和机器从不会犹豫。

对虚拟未来的超人类投射并非来自后人类生物，而是人类在实际当下的思索结果。给予他们话语及权利的精神范畴，来自人脑的范畴，而非超人类的大脑。现在，要想知道改造人在生物学和计算机科学的交汇点上是否会取代人类，他们必须告诉我们改造人"在未来的深处"实际的存在状况和法律要求，而这是不可能的。未来可以是现在延续的一部分，或与过去断裂，它不可能取代在它之前的时间，因为它是一个可能性的焦点，它的地位来自现在。而这个现在永远在变，这并不是因为受到一个还不存在的未来的压力，而是因为受到其限定性的压力，是限定性在勾画一个其现实并不确定的潜在未来。

后人类主义的支持者们虽然也是人类的化身，却对真实的人不感兴趣。除此之外，他们把现在的拟像当作未来的现实，仿佛他们是站在未来的深处说话。然而，没有什么机器可以探索时间，除了威尔斯（H. G. Wells）的"时间机器"。不过，《时间机器》（*Time Machine*）只是批判了维多利亚时代英格兰工业、机械和不平等的状况，那仍是一个人类后代所居住的世界。无论是作为自由人的埃洛伊人，还是作为奴隶的莫洛克人，这些化身只是威尔斯在 1895 年能够想象和批判的人类的堕落形式。除了它眼前的当下，时间机器什么也不能探索。

超人主义意识形态认为不能否定自动机（automate）、机械人（robot）、人形机器人（androïde）及其他改造人的意识，就如否定动物的意识那样，因为我们无法确定人类意识的真实性。当后人类生物有了意识时，他们应该被授予和先于并制造他们的人类同等的权利。这里的诡辩特别拐弯抹角。推理的基础是 1950 年著名的阿兰·图灵测试。假设一个人在看不到的情况下与另一个人以及一台计算机进行对话。如果进行对话的人不能辨认出谈话对象的答案之间的差异，那么计算机就算通过测试了：它表现得就像人一样。机器并不是复制了人，而是拟仿了人，其拟仿到了没人能区分的程度。因此，机器便有和人类一样进行推理的意识了。一直有人从神学角度反对图灵说，认为只有人才被上帝赋予了灵魂。

对此，图灵正确地回答道，如果上帝愿意，他也可以把灵魂赋予由物质构成的机器，因为他把灵魂赋予了由物质构成的人。但这不是关键。

实际上，图灵把自己放在了造物主上帝的位置上，因为他把自己放在一台思考机器的位置上，却不承认是他——工程师——而非机器或上帝，设计了这个测试。同样，当别人反对他说：即便适应了人类谈话的程式，机器也是没有意识的，他回答：没有人能确定他人是否有他自己所理解的意识。这颠倒了论证的次序。图灵用我们不可能知道机器的虚拟意识来得出我们不可能知道人的真实意识的结论。然而，阿兰·图灵是一个人，而不是一台机器，是阿兰·图灵设计了这个测试并让别人来参与。事实上，如果图灵不确定别人是否有意识，他怎么能和他们生活在一起呢？我们确实不能通过撬开话语、情绪或感知来进入别人的意识；但这绝不意味着其他人没有意识。这意味着机器更不可能会有意识，即使它们通过了图灵测试，况且情况尚非如此——还没有任何一台机器成功地通过了对话测试。

当我们将智能、意识和自主性赋予未来的机器，并准备授予它们权利时，我们将我们真实人类的真实范畴的逻辑、伦理和法律范畴投射到了其拟仿是虚拟的存有之上。这些后人类的实体尚未存在，可能永远都不会存在。它们不需要从目前正在设想其未来存在的人们那里，获得任何本体论、道德或政治上的认可。把对意识的要求扣在虚拟的后人类头上的，是当前的人类。我们有什么权利把人类的特性和权利授予由我们而非它们自己构想出来的机器、拟像和化身呢？再说，为什么这些特性和权利就要和我们的相同呢？在这一点上，超人主义者们没能抵挡住他们自己所谴责的人类中心主义的诱惑：假定这些后人类的存有，无论是什么样子，都将成为人类的延续。可是，如果它们加入人类的延续中，那他们现在就已经是将来的人类了。后人类的"后"不会达到超人类的"超"，所以，生活在当下性、有限性和必死性之中的人，其处境将是长久的，除非他使自己理解了他的存在之谜。

结 论
最初之人：编织人性的纽带

沙漠在扩大。让躲在沙漠里的人见鬼去吧！

尼采，《漫游者和他的影子》(*Le Voyageur et son ombre*)

解构主义举办了一场告别舞会，让人在人的故事中与其自我认同的一切告别。告别了，灵魂；告别了，身体；告别了，主体；告别了，作品；告别了，世界；告别了，意义；最后，告别了，上帝，这听起来真像是杀人犯的丧钟。向已在理念中凝固的人性实质告别，同时也向人文主义告别，在心里，则是向人类的境遇告别。似乎没有什么能够抵挡鼹鼠的工作了，它们破坏着文明所依赖的原则。笛卡尔提醒道，基础的毁坏意味着建筑物的坍塌。这些来自不同源头的基础，证实了一种文化之建筑术观念的理念。曾经，人在与经久创造的接触中构建着他短暂的存在，能够生活在一个转瞬即逝的世界中，为充满意义的作品所启迪。而现在，卡夫卡那破碎的世界，昆德拉那毁坏的土地，已不再为人提供家园——他自己的家园。

如果说建构是将自己投入一系列行动之中，那么，解构则是将自己限制在一个单一的姿态之中。莫里斯·布朗肖表达的只是痛苦：世界之夜灾难的中性。米歇尔·福柯只教了一件事：人类的死亡——上帝之死的回音。吉尔·德勒兹只是拒绝了一个主题：拟像罢免了模本。雅克·德里达只追求一个目标：在意义缺席的情况下去解构语言。所有这一切，德里达一而再再而三地在自己的文字中重复："毫无意义"。如果解构主义毫无意义，那是因为它对人，对世界，对上帝毫无意义，或者说，对于占据着一个焕发意义的中心的决策机构来说，毫无意义。

让我们再读一读解构主义的重要招认："无论它在哪里运作，思想都毫无意义。"但如果是因为思想本身毫无意义而没有意义，那我们至少还可以要这个"无"，即使不说出来。若是想要毫无意义，这是想要表达"无"，而这显然是不可能的，正如解构主义书写的洪流所展示的那样，没有哪一个港湾能够容纳"无"。逻各斯那活着的话语——基于与真人谈话之人的在场，在一场死去的写作中被毁掉了，而这种死去的写作来自与人的幽灵谈话的人之不在场。因为，如果那绝非在陈述存有的话语只是在叨咕"无"，用各种语调重复"没什么可说的，除了关于'没什么可说的'这一事实之外没什么可说的"，那么结论就只能是：人应该沉默，应该服从于"无"。当他意识到我们与存有毫无交流时，蒙田说："我们坐在纺车轮[1]上。"他会怎样看待他那些与"无"交流的后代呢？

我们正在面临双重失败。雷米·布拉格在《人之特性》（*Le Propre de l'homme*）中指出：古典人文主义和现代反人类中心主义无力为人类的存在赋予合法性。人文主义，即蒙田的人文主义，忘记了外部支点的必要性，无法把人建立在短暂的人生之上。反人类中心主义，即福柯的反人类中心主义，无法打破人之死和上帝之死的循环。这两人都把人折叠进其自身的空虚之中而不给予任何出路，促使其消失。"由自我创造的自我变成由自我毁灭的自我。"（2013，195）矛盾的是，人成了人最糟糕的敌人，不是在肉体上摧毁他——如历史中一直发生的那样，而是从概念上删除他，而哲学从未这么教过。解构主义的意识形态没有给人带来任何希望，人的面容注定要在沙漠中变得模糊不清，随着时间的流逝而流逝。

什穆埃尔·特里加诺（Shmuel Trigano）在《主要的新意识形态》（*La Nouvelle Idéologie dominante*）中展示了后现代主义阻止人在其境遇中找到意义的方式。后现代主义继形而上概念之后又成了意识形态的残渣，围困着知识和权力领域，

1　指"无限循环"。——译注

解构那些使人获得人性的原则。"话语或现实的基础已不复存在，因为真实渐趋消逝；不再有真理或终极价值；不再有任何综合或潜在的集体看法；现实要素之间不再有全球或系统的一致性。"（2012，26）如果存有的播撒成为历史的规则，在将人按照康德的愿景与世界和上帝连接起来的建筑术缺失的情况下，剩下的就只是向人之死致敬，或为其灭绝做准备了。若没有照亮人性的原则，如星星的光芒吸引目光那样，人类在满目疮痍的大地上只能感受到自己所处的灾难。

什么样的人才是反抗之人？加缪问。对僭越人类边界的行为说"不"，对自己的珍贵部分说"是"的人。什么样的人才是被毁灭的人？前者的反面。对让自己感觉到存在的珍贵部分既不说"是"也不说"不"的人。他回避自己人性的核心，抛弃了人可以自我认同的一切，即他与过去、现在和未来的人共享的自由。正是这种抛弃，以及由此造成的破坏，使他成为人类链条上的一个断裂。毕达哥拉斯学派的克罗顿人阿尔克迈翁（Alcméon de Crotone）说，人们死了，因为他们无法把开始和结束连接起来。然而，他们可以通过作品复活，他们的作品会把结束和开始连续不断的连接重新建立起来。

这个被毁灭的人就是最后之人，就是那个在最后一眨眼消失之前抹去地平线的人。但是，地平线只是对那些拒绝看到中心点的人而言消失了，而阿尔贝蒂却由中心点创造出了一种新的对自然的描述。正是这个中心点使人类画出了人性的周长，而解构者们想要的也正是它。世界和语言都不应该发出丝毫的光芒。在存有的光明中，我们必须更喜欢虚无的夜晚，那夜晚失去了星光，困扰着布朗肖的写作，以至于切割了思想，剥夺了作品。加缪早已认识到，这种对人性的奇怪放弃并没有使自己摆脱与虚无的一致。"欧洲人被遗弃在阴暗中，已经离开了固定且散发着光芒的那个点。"（2008，223）

启发作家的无形之星正是哲学家和艺术家在存在之中感受到的理念。我提过列维纳斯的这本极好的书《关于走进理念的上帝》（*De Dieu qui vient à l'idée*）。如果他也走进了人，他会通过同样的媒介把他的衡量带给他。能孕育思想的只有理念，这不是那种毫无意义的、用必要性来制定美德的思想，而是通过展示其建筑术原理来描述世界的思想。艺术家们总是在哲学家之前知道它。瓦格纳在《歌剧和戏剧》（*Opéra et drame*）中回忆人类嗓音引发的内心共鸣时说："我认为语言的起源是旋律，并不是根据年代的顺序，而是根据建筑术的顺序。"（1910，II，6）而保罗·克莱则表示，在勾画轮廓和选择颜色之前，画家所见到的是由理念所支配的："一开始，确实有行为，但在其之上是理念。而且，由于'无限'没有明确的开始，而是像圆圈一样，没有开始或结束，我们

必须承认理念的第一地位。"（1998，36）

在本书的最后，我认识到，正是这个从基石到拱顶（Delsol，2014）的第一地位，而非完成的建筑，才是解构主义的目标。因为理念是对创造的承诺，它保留着过去，为未来提供一个机会。无论一开始是以上帝、自然、作品还是主体的面貌，它一直因为居于其上的理念而保持活力。而且，在我们人的眼中，最终致使其解体的是人性的理念。西塞罗要求他的听众尊重每一个人，若非人本身，至少是其人性。然而，这种人性不是一种理解上的概念，而是理性中的理念，其完美会赋予向它走去的人一种意义。他知道自己不会抵达它，而这就是他继续行动的理由。这行动是见证人类自由的第一个开端。这就是汉娜·阿伦特参照圣奥古斯丁，为将人的自由视为其行动的开端并由此为其存在正名时所想到的。

"因为这是一个人可以开始的开端；做一个人和保持自由是同一回事。上帝创造人类，是为了给世界带来开始的能力：自由。"（Système，1972，217）

解构主义只知道结束的能力：死亡。无论其目标是上帝、人，还是世界，它只关心一件事：终结那个新的开始。就是对这个开端的寻找，才使人成为人，而非重复着生命循环、不投身于新行动的动物。在阿尔贝·加缪的《第一个人》中就可以看到这一点，全书以一段题为"寻父"的文字开始。

第一章描述了作者的诞生——来到世界。在这个起源之夜，我们见证了最初的开端来临之后，便是寻找父亲。是父亲的出场，使一切开始，使儿子成为最初的人。因为人性只有通过父亲与儿子、父母与孩子之间的编织才存在，通过文化的建筑术而展开了人之建构的序幕。加缪在他父亲的墓前想到：这个人已经不为人知地死在了一片土地中，他只在那里留下了模糊的痕迹。这个不为人知的人却是使他诞生的作者，是他将他的人性传给了他的儿子，就像加缪自己将会把人性传给他的孩子那样。

这就是加缪称作的"世界的秩序"。这个秩序是时间的秩序，开始于开端，结束于终结。事实上，在一个理念的守护下开始一个行动，就是力求抵达它的终点，并确保终结和开端之间不可分割的联系。发现自己处境的奥秘，这就是人类前进的意义。加缪在1954年12月6日的笔记中指出："《第一个人》重新走过了整个旅程，为了发现他的秘密：他不是第一个。任何人都是最初之人，任何人都不是。这就是为什么他扑倒在他母亲脚下。"（2008，1208）

每个人都是第一个，每个人都不是，因为人之间的链接形成了人性的纽带，让每个人都能开始一条新的链接。是这些链接的总和形成了文化建筑术的编织。今天，原来的编织已破如罗线，虽然还未被全然玷污、扯碎或毁损。然而，留下的罗线，那长存的，是人性的罗线。人的毁灭，在今天，只不过是一个注定要消失的幻觉。我们永远也不能将人拆开，因为，每时每刻，正在编织这锦缎的，正是我们人自己。

- 参考文献 -

Adorno, Theodor, *Théorie esthétique*, Paris, Klincksieck, 1974.

Alberti, Leon Battista, *La Peinture* (*De Pictura*, 1435), Paris, Seuil, 2004.

Althusser, Louis, *Pour Marx*, Paris, Maspero, 1965.

Anders, Günther, *L'Obsolescence de l'homme* (1956), Paris, Ivrea, 2001.

Arendt, Hannah, *Le Système totalitaire* (1951), Paris, Seuil, 1972.

– « Qu'est-ce que la liberté ? », *La Crise de la culture* (1961), Paris, Gallimard, coll. « Folio-Essais », 1972.

Augustin, Saint, *La Cité de Dieu* (410-427), *Œuvres* t. II, Paris, Gallimard, coll. « Bibliothèque de la Pléiade », 2000.

Ball, Hugo, *Dada à Zurich. Le mot et l'image (1915-1916)*, journal du 12 juin 1916, *La Fuite hors du temps*, Dijon, Les Presses du Réel, 2006.

Baudelaire, Charles, « Salon de 1859 », *Curiosités esthétiques, Œuvres complètes,* Paris, Le Club français du Livre, 1966.

Baudrillard, Jean, *Simulacres et simulation*, Paris, Galilée, 1981.

– *Les Stratégies fatales*, Paris, Grasset-Le Livre de Poche, 1983.

– *Le Complot de l'art* (1996), Paris, Sens & Tonka, 2005.

Bauman, Zygmunt, *Modernité et Holocauste* (1989), Paris, Complexe, 2008. – *La Vie liquide* (2005), Paris, Fayard/Pluriel, 2013.

Birnbaum, Jean, entretien avec Jacques Derrida : « Je suis en guerre contre moi-même », *Le Monde*, 12 octobre 2004.

Benjamin, Walter, *Œuvres* t. III, Paris, Gallimard, coll. « Folio-Essais », 2000.

Blanchot, Maurice, *Faux pas*, Paris, Gallimard, 1943. – *Lautréamont et Sade*, Paris, Éditions de Minuit, 1949. – *L'Entretien infini*, Paris, Gallimard, 1969. – *L'Amitié*, Paris, Gallimard, 1971. – *Le Pas au-delà*, Paris, Gallimard, 1973. – *L'Écriture du désastre*, Paris, Gallimard, 1980.

Boulez, Pierre, *Relevés d'apprenti*, Paris, Seuil, 1966. – *Points de repère*,

Paris, Christian Bourgois Éditeur, 1981.

Bradbury, Ray, *Fahrenheit 451* (1953), Paris, Gallimard, coll. « Folio », 2000.

Brague, Rémi, *Le Propre de l'homme. Sur une légitimité menacée*, Paris, Flammarion, 2013.

Braudel, Fernand, *Grammaire des civilisations* (1963), Paris, Champs-Flammarion, 1993.

Brunette, Peter et Wills, David, *Deconstruction and the Visual Arts : Art, Media, Architecture*, Cambridge, Cambridge University Press, 1994.

Butler, Judith, *Trouble dans le genre. Le féminisme et la subversion de l'identité* (1990), Paris, La Découverte, 2006. – « Le transgenre et les "attitudes de révolte" », *Sexualités, genres et mélancolie. S'entretenir avec Judith Butler* , sous la direction de Monique David-Ménard, Paris, Campagne Première, 2009.

Cage, John, *Pour les oiseaux. Entretiens avec Daniel Charles*, Paris, L'Herne, 2002.

Camus, Albert, *Le Premier Homme*, Paris, Gallimard, Cahiers Albert Camus VII, 1994. – *L'Homme révolté, Œuvres complètes*, t. III, aris, Gallimard, « coll. Bibliothèque de la Pléiade », 2008. – *Carnets (1949-1959). Œuvres complètes*, t. IV, Paris, Gallimard, coll. « Bibliothèque de la Pléiade », 2008.

Charles, Daniel, *La Fiction de la modernité selon l'esprit de la musique*, Paris, PUF, 2001.

Debord, Guy, *La Société du spectacle*, Paris, Buchet-Chastel, 1967; Paris, Champ Libre, 1971.

Deleuze, Gilles, *Différence et répétition*, Paris, PUF, 1968. – *Logique du sens*, Paris, Éditions de Minuit, 1969. – *Cinéma. I. L'Image Mouvement*, Paris, Éditions de Minuit, 1983. – *Cinéma 2. L'Image-Temps*, Éditions de Minuit, 1985.

Deleuze, Gilles et Guattari, Félix, *Rhizome. Introduction*, Paris, 1976. – *Mille plateaux. Capitalisme et schizophrénie 2*, Paris, Éditions de Minuit, 1980. – *Qu'est-ce que la philosophie?*, Paris, Éditions de Minuit, 1991.

Delsol, Chantal, *Les Pierres d'angle*, Paris, Éditions du Cerf, 2014.

Derrida, Jacques, introduction à *L'Origine de la géométrie* de Husserl, Paris, PUF, 1962. – *De la grammatologie*, Paris, Éditions de Minuit, 1967. – *L'Écriture et la différence*, Paris, Seuil, 1967. – *La Dissémination*, Paris, Seuil, 1972. – *Marges – de la philosophie*, Paris,

Éditions de Minuit, 1972. – *Positions*, Paris, Éditions de Minuit, 1972. – « Lettre à un ami japonais », *Psyché. Inventions de l'autre*, 2 tomes, Paris, Galilée, 1987. –Préface à *Mesure pour mesure. Architecture et philosophie, Cahiers du Centre de création industrielle* (Centre Georges-Pompidou), 1987. – *L'Autre Cap*, Paris, Éditions de Minuit, 1991. – *Points de suspension. Entretiens* (avec Daniel Cohen, 22 mars 1986), Paris, Galilée, 1992. – *Voyous*, Paris, Galilée, 2003.

Ducros, Jérôme, « L'atonalisme. Et après? », conférence du 20 décembre 2012 au Collège de France, chaire de création artistique de Karol Beffa, sur le site Internet du Collège de France et sur YouTube (59 minutes).

Feuerbach, Ludwig, *L'Essence du christianisme* (1841), Paris, Gallimard, coll. « Tel », 1992.

Flavigny, Christian, *La Querelle du genre. Faut-il enseigner le « gender » au lycée?*, Paris, PUF, 2012.

Foucault Michel, *Dits et Écrits I (1954-1975) et II (1976-1988)*, Paris, Gallimard, coll. « Quarto », 2001. – Préface à sa traduction de l'*Anthropologie du point de vue pragmatique* de Kant, Paris, Vrin, 2008.

Freud, Sigmund, *Malaise dans la civilisation* (1929), Paris, PUF, 1971.

Fukuyama, Francis, *La Fin de l'histoire et le Dernier Homme* (1992), Paris, Flammarion, 1992. – *La Fin de l'homme*, Paris, La Table Ronde, 2002.

Gibson, William, *Neuromancien* (1984), Paris, J'ai Lu, 1988.

Guattari, Félix, « Grande encyclopédie des homosexualités. Trois milliards de pervers », Paris, *Recherches*, mars 1973.

Haraway, Donna, « Manifesto for Cyborgs : science, technology, and socialist-feminism in the 80' », *Socialist Review 80*, 1985, traduit dans *Manifeste Cyborg et autres essais : Sciences, fi ctions, féminismes*, Paris, Exils, 2007.

Hegel, Friedrich, *Principes de la philosophie du droit* (1820), Paris, GF-Flammarion, 1999.

Heidegger, Martin, « Lettre sur l'humanisme » (1946), *Questions III*, Paris, Gallimard, 1966. – *Schelling* (1971), Paris, Gallimard, 1977. – *La Dévastation et l'attente*, Paris, Gallimard, 2006.

Hil, Gary, *Among the Jars*, installation vidéo, collection du Centre Georges-Pompidou, www. conjunctions. com/webcon/hill2. htmý

Isou, Isidore, *Introduction à une nouvelle poésie et à une nouvelle musique*, Paris, Gallimard, 1947.

Janouch, Gustav, *Conversations avec Kafka* (1968), Paris, Maurice Nadeau, 1978.

Kant, Emmanuel, *Critique de la raison pure* (1781), *Œuvres philosophiques*, t. I, Paris, Gallimard, coll. « Bibliothèque de la Pléiade », 1980. – *Propos de pédagogie* (1803), *Œuvres philosophiques*, t. III, Paris, Gallimard, Coll. « Bibliothèque de la Pléiade », 1986. – *Leçons de métaphysique* (1821), Paris, Le Livre de Poche, 1993. – *Géographie physique* (1802), Paris, Aubier, 1999.

Kaprow, Allan*L'Art et la vie confondus* (1993), Paris, Centre Georges-Pompidou, 1996.

Kipnis, Jeffrey et Leeser, Thomas (introd. de Bernard Tschumi), *Chora L. Works : Jacques Derrida and Peter Eisenman* , New York, Monacelli Press, 1997.

Klee, Paul, « Credo du créateur » (1920), *Théorie de l'art moderne* (1925), Paris, Denoël, 1977, Paris, Gallimard, coll. « Folio », 1998. – *Journal* (1964), Paris, Grasset, 2004.

Klein, Robert, *Vie des arts*, n° 47, 1967. – « L'éclipse de l'œuvre d'art », *La Forme et l'intelligible*, Paris, Gallimard, 1970.

Kosik, Karel, « La ville et l'architectonique du monde », *Le Messager européen*, n° 8, Paris, Gallimard, 1994. – *La Crise des temps modernes. Dialectique de la morale (1965-2000)*, Paris, Éditions de la Passion, 2003.

Kundera, Milan, *La Plaisanterie* (1967), Paris, Gallimard, coll. « Folio », 1985.

Landy, Michael, *Break Down*: www. youtube. com/watch? v=6hYUnkW4sNA

Lawrence, David Herbert, *Women in Love*, New York, 1920 et Londres, 1921.

Lévi-Strauss, Claude, *La Pensée sauvage*, Paris, Plon, 1962. –*Mythologiques*, t. I : *Le Cru et le Cuit*, Paris, plon, 1964.

Lyotard, Jean-François, *Tombeau de l'intellectuel et autres papiers*, Paris, Galilée 1984.

Mâche, François-Bernard, *Musique, Mythe, Nature, ou Les dauphins d'Arion*, Paris, Klincksieck, 1983. – *Musique au singulier*, Paris, Odile Jacob, 2001.

Mahé, Jean-Pierre et Poirier, Paul-Hubert, introduction aux *Écrits gnostiques*, Paris, Gallimard, coll. « Bibliothèque de la Pléiade », 2007.

Margron, Véronique et Fassin, Étienne, *Homme, femme, quelle différence ? La théorie du genre en débat*, Paris, éd. Salvator, 2011.

Moore, George, *Principia Ethica* (1903), Paris, PUF, 1997.

Marx, Karl, *Lettre à Ruge* (1843), *Correspondance*, t. III, Paris, Éditions sociales, 1972.

Montesquieu, *De l'esprit des lois* (1748), Paris, Gallimard, coll. « Bibliothèque de la Pléiade », 1976.

Moravec, Hans, *Une vie après la vie*, Paris, Odile Jacob, 1992.

Nietzsche, Frédéric, *Ainsi parlait Zarathoustra. – Le Gai Savoir, L'Antéchrist, Le Crépuscule des idoles. – Fragments posthumes (automne 1887–mars 1888)*, t. XIII, Paris, Gallimard, 1976.

Paccalet, Yves, *L'Humanité disparaîtra, bon débarras!*, Paris, Arthaud, 2006 ; « nouvelle édition revue et aggravée », Paris, Arthaud, 2013.

Patočka Jan, *Essais hérétiques* (1975), Lagrasse, Verdier, 1981. –*Platon et l'Europe* (1973), Lagrasse, Verdier, 1983.

Platon, *La République, Le Sophiste, Œuvres complètes*, sous la direction de Luc Brisson, Paris, Flammarion, 2008.

Preciado, Beatriz, « Multitudes Queer : Notes pour une politique des anormaux », *Multitudes*, n° 12, Paris, éd. Amsterdam, 2003.

Quéau, Philippe, *Éloge de la simulation*, Seyssel, Champ Vallon, 1986.
– *Le Virtuel. Vertus et vertiges*, Seyssel, Champ Vallon, 1993.

Reich, Steve, *Écrits et entretiens sur la musique* (1974), Paris, Christian Bourgois Éditeur, 1981.

Rosenberg, Harold, *La Tradition du nouveau* (1959), Paris, Éditions de Minuit, 1959.

Salingaros, Nikos, A. « The Derrida Virus », *Telos. Critical Theory of the Contemporary*, n° 126, hiver 2003, New York, Telos Press (p. 66-82).

Salingaros, Nikos A. *et alii*, *AntiArchitecture and Deconstruction*, Umbau-Verlag, 2004 ; trad. fr. Umbau-Verlag, 2005.

Steiner, George, « La longue vie de la métaphore », *L'Écrit du temps*, n° 14-15, Paris, Éditions de Minuit, 1987.

Stephenson, Neal, *Le Samouraï virtuel* (1991), Paris, Robert Laffont, 1996.

Taylor, Charles, *Le Malaise dans la modernité* (1991), Paris, Cerf, 2002.

Trigano, Shmuel, *La Nouvelle Idéologie dominante. Le postmodernisme*, Paris, Hermann, 2012.

Tschumi, Bernard, *Architecture and Disjonction*, Cambridge, MIT Press, 1994.

Valéry, Paul, « La liberté de l'esprit » (1939), *Regards sur le monde actuel, Œuvres*, t. II, Paris, Gallimard, coll. « Bibliothèque de la Pléiade », 1960.

Vinge, Vernor, « The Coming Technological Singularity. How to Survive in the Post-Human Era », *Vision-21 : Interdisciplinary Science and Engeneering in the Era of Cyberspace*, G.A Landis ed., NASA Publications, 1993 ; https ://www-rohan. sdsu. edu/⋯/vinge/⋯/ singularity. ht⋯ý

Wagner, Richard, *Opéra et drame* (1851), Paris, Delagrave, 1910.

Wittig, Monique, *La Pensée straight*, Paris, éd. Amsterdam, 2007.

Wright, Stephen, « Vers un art sans œuvre, sans auteur et sans spectateur », *Mouvements*, n° 17, 2001 ; *Catalogue de la XVe Biennale de Paris*, 2007.

Zarader, Marlène, *L'Être et le Neutre. À partir de Maurice Blanchot*, Paris, Verdier, 2000.

图书在版编目（CIP）数据

被毁灭的人：重建人文精神/（法）让-弗朗索瓦·马太伊著；康家越译. —— 武汉：长江文艺出版社，2021.5

（拜德雅）

ISBN 978-7-5702-2004-5

Ⅰ. ①被…　Ⅱ. ①让…②康…　Ⅲ. ①文化精神　Ⅳ. ①G02

中国版本图书馆CIP数据核字（2021）第026185号

拜德雅

被毁灭的人：重建人文精神

BEIHUIMIE DE REN：CHONGJIAN RENWEN JINGSHEN

［法］让-弗朗索瓦·马太伊　著

康家越　译

特约策划：拜德雅　　　　　特约编辑：张祝馨
责任编辑：程　婕　　　　　责任校对：张　晗
封面设计：史英男　　　　　责任印制：李雨萌

出版：长江出版传媒　长江文艺出版社
地址：武汉市雄楚大街268号　　　邮编：430070
发行：长江文艺出版社
http://www.cjlap.com
印刷：湖北新华印务有限公司

开本：1194mm×889mm　　1/32　　印张：7.875
版次：2021年5月第1版　　　2021年5月第1次印刷
字数：138千字

定价：48.00元

版贸核渝字（2016）第 182 号